Martin Leidenfrost

Lesereise Graubünden

Martin Leidenfrost

Lesereise Graubünden

Bündner Wirren

Picus Verlag Wien

Grafische Gestaltung: Dorothea Löcker, Wien
Umschlagabbildung: © Robert Ford / iStockphoto
Druck und Verarbeitung:
EuroPB, s.r.o., Tschechische Republik
ISBN 978-3-7117-1090-1

Informationen über das aktuelle Programm
des Picus Verlags und Veranstaltungen unter
www.picus.at

Inhalt

In die Mitte eines anderen Völkleins

Bären, Gämsen, Kühe und unzählige Sprachen: Graubünden als Festival der Diversität

Ein Samstagabend im September. Ich sitze in Bivio, auf tausendsiebenhundertneunundsechzig Höhenmetern, bei Guidon in der Gaststube. Eine Lesung aus meinen Werken ist angekündigt, es sieht aber so aus, als ob niemand gekommen wäre. Es ist die erste Lesung, die Guidon veranstaltet. Wir warten noch ein wenig.

Ich kenne den Wirt, seit ich einmal das vielsprachigste Dorf Europas gesucht habe. Dafür kam ich auch in die einzige offiziell italienischsprachige Gemeinde nördlich des Alpenhauptkamms, in den einzigen dreisprachigen Kanton der Schweiz. Sprachwissenschafter hatten unter Bivios zweihundert Einwohnern folgende Sprachen ausgemacht: Hochdeutsch und Schweizer Dialekt, Italienisch, den Bergeller Dialekt Bargaiot sowie die rätoromanischen Idiome Surmiran, Putér und Bivio-Romanisch. Ich muss sagen, dass ich damals nicht alle diese Sprachen vorfand. Einige Sprachen von Gastarbeitern waren verbreiteter. Guidon witzelte, dass Portugiesisch und Chinesisch die geeigneteren Schulsprachen wären.

Nun sitze ich wieder bei Guidon. Im Heidsee

auf tausendvierhundertvierundachtzig Metern Höhe schwimmend, habe ich am Nachmittag den ersten Almabtrieb gesehen. Voran marschierten die dunkleren Kühe mit dunkel tönenden Glocken, die helleren Kühe dahinter glöckelten hell. Ich habe soeben vereinbart, dass ich über Graubünden schreiben werde, einen Jahreszyklus von Reportagen für die hiesige Zeitung *Südostschweiz* – und dieses Buch. Ich überlege, wie ich das anstelle.

Zur Lesung kommt niemand mehr, der Wirt macht eine Flasche auf, Rotwein aus Graubünden. Auf dem Etikett wird behauptet: »Seit 1068 werden im ältesten Weingut Europas herrschaftliche Weine naturnah angebaut und gekeltert.« Hm, das wäre schon mal zu überprüfen.

Gewiss ist Graubünden der größte, der gebirgigste und der am dünnsten besiedelte Kanton der Schweiz. Gewiss sind vierhundertsechzig der neunhundertsiebenunddreißig Berge über dreitausend Meter hoch, und vom Parpaner Rothorn soll man über tausend Gipfel sehen. Gewiss, das sind hundertfünfzig Täler und sechshundertfünfzehn der rund tausendfünfhundert Schweizer Seen. Aber stimmen auch die Prahlereien vom höchstgelegenen ganzjährig bewohnten Ort Europas, von der höchstgelegenen Wallfahrtskirche Europas, vom größten prähistorischen Bergsturz der Welt?

Sicher ist, dass sich hier die einzige Dreifach-Wasserscheide Europas verbirgt, nur eine Halbtagestour von Bivio entfernt: Am Pass Lunghin entscheidet der Zufall, ob ein Regentropfen in die Nordsee, ins Schwarze Meer oder ins Mittelmeer fließt. Das möchte ich gerne einmal sehen. Einmal will ich dort oben Wasser verschütten.

In diesen Septembertagen beginne ich mich einzulesen. Ich habe aus der Hauptstadt Chur zwei Taschen rätoromanischen Schrifttums mitgebracht, und ich habe dort mit geweiteten Augen erfahren, dass das rätoromanische Idiom Surselvisch sogar noch Untervarianten für Katholiken und für Protestanten / Reformierte / Evangelische kennt – einmal heißt »Guten Tag« *bien gi*, einmal *bien di*. Durch jene Talschaft, die Surselva, bin ich schon früher einmal gekommen. Eine serbische Hoteliersfrau unterhielt die Dörfler von Rabius mit Auftritten in der Uniform eines sowjetischen Rotarmisten. Damals habe ich die Rätoromanen / Romanen belauscht. Aus ihren romanischen Gesprächen klangen deutsche Wörter heraus: fertig, fruchtig, Fernbedienung.

Diese Feinheiten interessieren bei Guidon aber nur mich. Wenn ich in der Gaststube irgendwelche Sprachen / Idiome der Rätoromanen erwähne, fragen sie mich, was ich meine. Es gibt ein größeres Thema – die Hochjagd hat begonnen. Graubünden hat nur zweihunderttausend Einwohner, von denen sind aber sechstausendsechshundert beim »Bündner Kantonalen Patentjägerverband«. Immerhin kann ich die Neuigkeit beisteuern, dass ein Bergüner Romane mit seinem Sohn schon am ersten Samstag der Hochjagd Hirschen geschossen hat. Ungeprüft plappere ich nach, was mir die Tochter des Bergüners erzählt hat: »Die größere Kunst war, wie sie die Hirschen herunterbringen. Die Jäger dürfen ja nicht auf den Berg hinauffahren. Irgendwie haben sie aber die sieben Hirschen heruntergebracht, ich habe sie selbst gesehen.«

Das ist ihr Stichwort. Die Kerle bei Guidon klären mich über die Strenge des Jagdgesetzes auf: »Der Jäger darf nur bei einer Postautohaltestelle parkieren, hundert Meter davor und danach. Neulich ist einer beim Aussichtscafé über dem Stausee Marmorera aus dem Auto gestiegen. Die Polizei hat ihn gesehen, er hat eine saftige Buße gekriegt.« – »Wie hoch war die Strafe? Über tausend Franken?« Sie rollen vielsagend die Augen.

Manchmal lausche ich zu den anderen Tischen hin, denn in dieser Samstagnacht höre ich junge Burschen in gar eigentümlichen Sprachen konversieren. Da mein Italienisch noch schwach ist und da ich mit Rätoromanisch erst anfange, kann ich nicht bestimmen, ob sie einen lombardischen Dialekt oder Romanisch oder gar Portugiesisch sprechen. Dass eine der beiden Gruppen südostasiatische Züge aufweist, macht die Sache nicht leichter. Die Neugier lässt mir keine Ruhe, ich lasse nachfragen. Siehe da, das sind alles Bündner! Die »Secondos« mit Migrationshintergrund sind Fußballer aus dem Puschlav, die eine Partie in Domat/Ems gespielt haben. Sie haben verloren und trollen sich in den Nichtraucherwinkel. Die anderen sind Feuerwehrmänner aus dem Bergell, die gleichfalls in Domat/Ems waren, für einen Wettbewerb. Sie haben gewonnen. Einer von ihnen bleibt in der Mitte des Lokals stehen und streckt großmächtig die Hände hoch. Unter dem blauen Overall ist er nackt, eine Tätowierung wird sichtbar.

Der Wirt erklärt mir, dass Bewohner der italienischen Bündner Südtäler oft bei ihm Halt machen. Aus dem Puschlav fährt man zweieinhalb Stunden in die Rhein-Agglomeration des Bündner Nordens, man muss mehrere atemberaubende Pässe überwinden und hochalpine Wüsten von kaukasischer Anmutung. Da braucht man schon mal eine Pause, und die legt man gerne in Bivio ein, zumal man sich in der halbitalienischen Exklave auf Italienisch durchschlägt. »Bivio« bedeutet »Wegscheide«, jetzt werde ich Zeuge dessen, was es heißt, eine Wegscheide zu sein. Die Komplexität von Graubünden kann einen um den Verstand bringen.

Die Bündner selbst sind oft von der Dreisprachigkeit genervt, etwa von den Konflikten zwischen den eigensinnigen romanischen Stämmen, von ihrer Ablehnung der wissenschaftlich konstruierten Schriftsprache Rumantsch Grischun. Ich aber bin nicht von hier und genieße die Bündner Diversität in vollen Zügen. Ich habe fast ganz Europa durchritten, habe jedoch kaum je einen Landstrich gefunden, in dem jedes Dorf anders ist. Nicht einmal das südliche Bessarabien reicht so richtig an Graubünden heran.

Graubünden, das ist für mich ein Festival der Vielfalt. In einer landeskundlichen Beschreibung Graubündens aus dem Jahre 1838 heißt es: »Der Wanderer, der diesen Irrgarten durchläuft, tritt, so oft er seinen Fuß in ein neues Thal setzt, in die Mitte eines anderen Völkleins.« Das stimmt immer noch. Nicht einmal die elf neu geschaffenen Bündner »Regionen«, an denen ich mein Porträt des Bündnerlands grob ausrichten will, sind in sich homogen.

Konfessionell ist das ein Flickenteppich aus Talschaften, Enklaven, Exklaven, die katholisch oder reformiert oder gemischt sind. Sprachlich ist das Deutsch, genau genommen drei einander fast unverständliche Dialekte – das alemannische Bündnerdeutsch, das höchstalemannische Walserdeutsch und das Tirolerische im Samnaun, das als einziges Schweizer Tal einen bairischen Dialekt spricht. Bei den Rätoromanen sind das die fünf kodifizierten Schriftidiome Sursilvan, Sutsilvan, Surmiran, Putér, Vallader plus das neutrale Rumantsch Grischun. Dann Italienisch, die heftigen italienischen Dialekte der Südtäler, dazu das Oberengadiner Hotelküchenitalienisch, verwandt mit dem Baustellenitalienisch der Portugiesen. Und die Geheimsprache Jenisch.

»La romantsch ei, sco la libertat, ina nobla foglia de nossas montognas«, schnappe ich in einem meiner Bücher auf, »das Rätoromanische ist, wie die Freiheit, eine noble Tochter unserer Berge«. Die Geschichte dieser Freiheit, das geradezu anarchische Bestehen

auf freie Gemeinden, fasziniert mich. Graubünden trat erst vor gut zweihundert Jahren der Schweizer Eidgenossenschaft bei, vorher waren das winzige Bauernrepubliken, die sich zu losen Bünden zusammengeschlossen hatten: zum Gotteshausbund (1367), zum Grauen Bund (1395/1424) und zum Zehngerichtenbund (1436).

Auch wenn Engländer, die schon im 18. Jahrhundert für die »demokratische, freie und einzig von Gott abhängige rätische Republik« schwärmten, die Vorliebe dieses Volkes für Korruption und anarchische Strafgerichte kritisierten, stoßen mich Zeugnisse wie die »Grawpündtnerischen Handlungen« von 1618 darauf, wie speziell der Menschenschlag in den Drei Bünden gewesen sein muss: »Die form unsers Regiments ist Democratisch.« Hier regiert der gemeine Mann »welcher macht hat, dem mehren nach, Landsatzungen zu machen, und wider abzuthun.« Ich frage mich dann aber auch, wo bei diesem Freiheitswillen die Wälder von Verbotsschildern hergekommen sind.

Oft muss ich an den alten Mann aus der Surselva denken, der im Alter sein *Maiensäss* verkauft hat, seine Alm. Gefragt, warum er das schöne Fleckchen aufgegeben hat, gab er eine rätselhafte, aber auch recht bündnerische Antwort: »Weil die sehen von Obersaxen her, dass ich es nicht gemäht habe.«

Immer noch in Guidons Gaststube, werfe ich einen Blick in die Lokalblätter. Thematisch dominiert die Hochjagd: »Nichts für Weicheier.« »Konnte schon am ersten Jagdtag einen schönen Sechser-Rehbock erlegen.« »Natürlich im sicheren Jagdasyl spielt eine Gämsgeiss mit ihrem Gitzi.« »Hin und wieder ruhen ihre Feldstecher auf einer Rehgeiss. Doch keiner bewegt sich, nicht bei diesem Wetter und nicht für diese Beute.«

Die Kerle, mit denen ich bis in die Nacht in der Gaststube sitze, sind nicht alle Jäger. Einer wandert nur, ein anderer fischt nur, alle aber wissen sie Schreckliches über Tiere zu berichten. Das Experiment mit den Herdenschutzhunden habe übel geendet, »die hat man müssen wegtun«. Die größte Bedrohung des Menschen seien nun Mutterkühe, die man seit einigen Jahren nicht mehr im Stall, sondern auf der Alm werfen lässt. Die Kühe, die ihre Kälber verteidigen, seien seither unberechenbar aggressiv. Der Fischer erzählt, er sei am Morgen lieber umgedreht, als er eine Weide mit neunzig Kühen und dreißig Kälbern hätte durchschreiten müssen: »Da kommt nicht nur eine auf dich zu.«

Wenn wir schon dabei sind, frage ich noch nach dem Vorkommen von Bären und Wölfen. Der Fischer hat einmal eine Bärin gesehen, man ging sich aber aus dem Weg. Der Wirt winkt ab: »Lieber zehn Bären als eine Kuh.«

Unter der schwarzen Lawine

Bündner Wirren, Hauptträger-Mythos und Romeo-Julia-Motiv: In der rätoromanischen Bastion Surselva

Ich fange im Winter an. In der Surselva, »oberhalb des Waldes«, im breiten Tal des Vorderrheins, das durch die überwachsenen Geröllmassen des Flimser Bergsturzes und die vierhundert Meter tiefe Rheinschlucht Ruinaulta vom Rest des Kantons getrennt ist. Genau genommen fange ich in einem Seitental der Surselva an: im Lugnez, auf Rätoromanisch Lumnezia, im »Tal des Lichts«. Die Lumnezia empfängt mich als ein weiter, lang gezogener, luftig zum Himmel geöffneter Grasrücken. Umrahmt von leuchtend weißem Hochgebirge, ist sie noch unverschneit, Sonnenstrahlen strahlen sie fast bis zum Sonnenuntergang an.

Ich beginne hier, weil ich an einem dunklen Dezemberabend in der hintersten Lumnezia in eine Rogate geraten bin, in eine Adventsandacht. Die Kirche von Vrin, bei der einer der farbenfrohsten Campanile diesseits der Alpen steht, war drinnen unbeleuchtet. Es war nicht alles schön, die in den hintersten Reihen zusammengeballt sitzenden Frauen leierten die Gebete tonlos herunter, doch leuchteten ausschließlich die Kerzen in den Händen der Betenden, und das gab einen Eindruck von der katholischen Surselva, vom einstigen Sog der *lavina nera*. Die »schwarze Lawine« war ein politisches Phänomen: Auf Kantonsebene war der katholische Konservativismus der Surselva zwar in der Minderheit, doch wählten die hiesigen Katholiken wie ein Mann und stellten lange zwei Minister in der fünfköpfigen Bündner Regierung.

Ich bin vorbereitet. Ich habe Tausende Buchseiten durchgeackert. Ich weiß was über die Ilanzer Religionsgespräche von 1524 und 1526, über die europaweit fast einmalige Freiheit, dass nicht die Obrigkeit die Konfession der Bürger bestimmte, sondern jede Gemeinde in demokratischer Abstimmung selbst. Ich weiß was über die »Bündner Wirren« von 1618 bis 1639, als die konfessionell gemischten Drei Bünde in den Dreißigjährigen Krieg gezogen wurden. Über den Kulturkampf im 19. Jahrhundert, über »Sigisbert in Rätien« – aber ich kenne kaum lebende Bündner.

Ich habe mit der Methode »Lavurex« etwas Surselvisch gelernt, laut Selbstauskunft »die einzige Methode«, *»che garantescha in cert success«* – »die einen gewissen Erfolg garantiert«. Sursilvan ist die mit Abstand meistgesprochene der fünf rätoromanischen Schriftsprachen, die Mehrheit der einundzwanzigtausendfünfhundert Surselver dürfte ihrer mächtig sein. Leicht vergröbert lässt sich sagen, dass sich das Rätoromanische am kompaktesten hier im äußersten Westen des Kantons gehalten hat sowie im äußersten Osten, im Unterengadin. Das dortige Idiom Vallader unterscheidet sich aber so deutlich von Sursilvan, dass Unterengadiner und Surselver oft lieber auf Deutsch kommunizieren.

Vrin ist eines der rätoromanischsten Dörfer der Welt, über neunzig Prozent nennen Sursilvan als Hauptsprache, Vrin hat sich nie dem Tourismus geopfert, in Vrin will ich Silvester feiern.

Es fängt gut an, das Einchecken im holzduftend einfachen Landhotel »Piz Terri« kriege ich auf Romanisch hin. Dann sitze ich mit Frau beim Silvester-Menü, das gegarte Filet vom Kalb ist weich und blutig. Ringsum Vriner, schlicht gekleidet, unaufdringliche Bäuerlichkeit. Nur uns hat man zum einzigen ortsfremden Paar gesetzt: Die Zürcher sprechen ein Unterländer Fast-Hochdeutsch und trinken fast nichts. Sie ist groß, blond und fragil und nimmt das vegetarische Menü. Er war in der »Beruflichen Vorsorge« tätig und erzählt, früher habe man Geschäftsabschlüsse noch mit einer Flasche Wein gefeiert, »jetzt macht das niemand mehr«. Er findet das gut.

Es kommt noch schlimmer: Sie heißt Svetlana, ist gebürtige Russin und hat perfekt Sursilvan gelernt. Sie behauptet, alles von den Nebentischen zu verstehen. Warum sie als einzige wirkliche Fremdsprache ausgerechnet Rätoromanisch gelernt hat? Ist sie Romanenfunktionärin, will sie eine werden, braucht sie's im Beruf? Sie verneint alles. Sie sei »halb berufstätig, halb Studentin«, mehr verrät sie nicht.

Zwischendurch malt sie Berge ins Gästebuch, spielt ein Spiel am Smartphone. Auch der Jungwirt ist von ihrem Sursilvan beeindruckt. Auch er fragt: Verwandte in der Surselva, ein Ferienhaus, Kontakte? Sie verneint alles. Um mitzuhalten, zeige ich ihr meine Sursilvan-Konjugationskärtchen. Sie gibt sie mir ungerührt zurück. Ich wage nichts Romanisches mehr zu sagen.

Svetlana kann über meinen Lerneifer nur den Kopf schütteln: Was, neunzig Franken für ein Abonnement der einzigen rätoromanischen Tageszeitung *Quotidiana* sind mir zu viel? Was, ich höre nicht jeden Tag im Internet *Radio Rumantsch?* Wie viele andere, so verlassen auch unsere Tischnachbarn das »Piz Terri« vor Mitternacht. Ich bleibe gedemütigt zurück. *In bien nov onn!* Ein gutes neues Jahr.

Die Kellnerin ist eine neue ungarische Praktikantin, böse überrascht von der Existenz einer rätoromanischen Sprache. Ich ziehe sie mit Sätzen aus meinem Ungarischkurs auf: »Wo bleibt die Musik?« Selbst ungläubig, antwortet sie: »Es gibt keine Musik! Schade.« Zehn vor zwölf geht man vor die Tür. Drei Schüsseln mit Knabberzeug stehen draußen bereit, süßer Sekt. Kein Feuerwerk, das ist verboten, auch keine Knaller. Um zwölf wird gesungen: »Happy birthday to you!« Hinterher sammelt sich der harte Kern an zwei Tischen. Schlechtes Gewissen regt sich, *»canzun, canzun!«*, »ein Lied!« Eine Oma sagt: »Peter Alexander!« Ein Opa stimmt an: »Wenn die Elisabeth nicht so krumme Beine hätt …« Mehr romanisches Liedgut ist nicht drin.

Am Neujahrsmorgen sticht mir der Bündner Reinheitskult ins Auge: Mal steht ein Besen angelehnt neben der Tür, mal hängt einer an einer grauen Schindelfassade. Kinder gehen in Trainingsanzügen sammeln.

Ich muss lange die berühmte Telefonkabine des Architekten Gion Caminada suchen, der sein Heimatdorf als detailverliebter Raumplaner gerettet hat. Man macht die hölzerne Telefonkabine nicht gleich aus, weil sie organisch aus einem Holzhaus herauswächst, dazu von einer Regenrinne kaschiert. Sie hat eine überdachte Veranda und einen Sitzplatz und hat trotzdem nicht mehr gekostet als das Standardmodell der Swisscom. Jemand hat »SCHLAMPA« ins Holz geritzt. Ein Lehnwort wohl.

Im Backcafé, der »Pasteria Caminada«, spielen sie wieder deutsche Schlager, »Sierra Madre« von den Klostertalern. In der Messe sitzen Frauen und Männer wieder getrennt, und alle sitzen wieder hinten. Das kommt daher, erklärt man mir, dass früher die Jungen vorne saßen – und Junge kommen keine mehr. *»Purifichescha nies intern!«*, singen sie nun kraftvoll. Von der Kanzelbrüstung streckt eine hölzerne Hand ein Kruzifix in die Höhe. Draußen stehen sie dann vor den Gräbern der Angehörigen. Sie stehen alle in dieselbe Richtung gedreht, in stummer Andacht vor gleichartigen Schmiedekreuzen.

Die Lumnezia wäre was für wandernde Pilger. Unzählige Kirchlein und Bildstöcke, und in der Kirche von Pleif finden sie die Kuriosität eines gigantischen Historiengemäldes: die »Seeschlacht von Lepanto«. Man sieht darauf grässliche Türken unter der Übermacht christlicher Alliierter ersaufen.

Wenn ich im Bündnerischen rumfahre, ärgere ich mich über die Parole »Kanton der hundertfünfzig Täler«. Erweckt das nicht eine vollkommen falsche, nämlich schattige Assoziation? Wenn man den atemberaubenden Ausblick vom Dorf Duvin auf den Haupthang der Lumnezia hinüber genießt, oder den umgekehrten Blick von dort auf Duvin, muss man sich fragen: Ist das nicht der »Kanton der tausendundein Sonnenterrassen«? Und gleich noch eine Frage: Es ist doch schön hier. Und doch leben in Graubünden nur knapp zweihunderttausend Einwohner auf siebentausendeinhundertfünf Quadratkilometern. Warum nur ist das so unfassbar dünn besiedelt?

Die Legende besagt, dass die Duviner nur deshalb die Reformation annahmen, weil ihnen zu Hause das Heu nass geworden war, während sie auf einer Prozession waren. Wütend warfen sie ihre Marienstatue in die Schlucht. Von den katholischen Nachbarn in Peiden geborgen, hält die Statue seither die verbliebenen drei Finger als Schwurhand hoch. Maria habe gesprochen: »Zweimal wird Duvin abbrennen, und das dritte Mal wird das Dorf in die Schlucht stürzen!« Nun, Duvin ist bereits zweimal abgebrannt. Wenn man nach Duvin hinübersieht, erkennt man tatsächlich eine gähnende Schlucht, die wenige Meter von den Duviner Wohnhäusern abfällt. Die Form dieser Schlucht erinnert an eine Vulva, die am rechten und linken Ende oben von der Sonne gestreichelt wird, sich sonst aber einen dunklen Schatten wirft. Stürzt Duvin demnächst in die Val-Uastg-Schlucht?

Duviner tun das als abergläubische »katholische Variante« ab. Eine Fünfundachtzigjährige erzählt jedoch, dass ihre Mutter mit ihr noch zur *Nossa Dunna* hinuntergegangen sei. Reformierte Duvinerinnen, wohlgemerkt, die nach vier Jahrhunderten der verstoßenen Madonna huldigten! – auch wenn die Alte dafür den reformierten Ausdruck *ir til priedi* gebraucht, »zur Predigt gehen«.

Die Statue ist heute vergessen. In Peiden drüben erzählt mir eine Zürcherin, die hier seit fünfzig Jahren Ferien macht, von einem ganz anderen Fluch: »Schon vor dreißig Jahren hat man uns gesagt, seid ihr verrückt, ganz Peiden rutscht ab. Man hat Prämien gezahlt, jetzt wohnen nur noch zehn Menschen hier.« Da sie gerade dabei ist, muss sie mir eine weitere Enthüllung stecken: »Ich habe gerade gehört, dass man alle Abtrünnigen der Gegend in Peiden begräbt!« Sie grübelt und staunt: Sie habe alle hier Begrabenen gekannt, und »von denen war niemand als abtrünnig bekannt«.

Ich treffe den Pastor von Duvin, Luven, Pitasch und Flond. Er betreut die wohl komplexeste Ecke der Surselva, konfessionell und sprachlich eine Schnittstelle. Ich kann fast nicht glauben, dass das romanisch-reformierte Flond vor Kurzem mit dem walserdeutsch-katholischen Obersaxen fusioniert hat, freiwillig. Dabei waren die Obersaxener so katholisch, dass sie früher auch schon mal die Kirchsteuer zugezogener Reformierter einbehielten.

Ich treffe den Pastor in Flond im Gasthaus Alte Post, in der »Ustria Posta Veglia«. Die Wirtin des bescheidenen Traditionslokals ist Tirolerin, Skifahren läuft bei ihr grundsätzlich nur mit *ORF*-Kommentar. Albrecht Merkel, ein vorher im Bündner Prättigau predigender Deutscher, hat in seinen zwei Jahren hier schon Romanisch gelernt. Einen Todesstoß für das Romanische sieht er nicht, die Obersaxener Schule habe nun einen romanischen Zweig. Reibereien auf dem Schulhof ja, »aber nicht wegen der Konfession«.

Ich frage geradeheraus: Ist der konfessionelle Konflikt nicht deshalb überwunden, weil keiner mehr glaubt? Merkel widerspricht, fünfzehn bis fünfundzwanzig Kirchgeher bei ihm in Flond, »das touchiert die Zehn-Prozent-Marke«. Er sagt, die Leute »leben den Glauben nun richtiger«. Zu den Zeiten, als es in Ilanz einen katholischen und einen reformierten Bäcker gab, »gab's das Romeo-und-Julia-Thema«. Er weiß von einem Liebespaar, das durch die Familie auseinandergebracht wurde, und er weiß von einem Selbstmord. Der freundliche Bildungsbürger lobt: »Man kann heute interkonfessionell heiraten.« Aber wie konnte Flond der Fusion mit dem größeren Obersaxen zustimmen? »Die Leitkultur ist heute der Tourismus und die Autostraße. Das ist des Rätsels Lösung.«

Ich fahre zuletzt in die Cadi hinauf, in die »Casa Dei«, das Haus Gottes. Dass unter den Drei Bünden der »Graue Bund« als einziger katholisch blieb, war wohl nur dem Klosterstaat der Benediktiner von Disentis zu verdanken. Wie steht der Nachfolger der einstigen Fürstäbte zur »schwarzen Lawine«?

Um Seminartourismus anzuziehen, hat das Kloster dreiundsechzig brandneue Gästebetten. Ich bin mit Frau der erste Gast. Alles aus Vollholz, sehr helle Fichte. Die Betten sind getrennt, den im Bad fehlenden Spiegel findet man im Kleiderschrank. Das Fenster lässt sich nur eine Handbreit öffnen. Ja, es sprang mal ein Gast in den Tod. Ich höre die Vesper und die frühmorgendliche Laudes. Ergreifende Psalmen: »Wie lange noch, Herr, dürfen die Frevler triumphieren?« In ihrer Mitte sitzt ein zweiundneunzigjähriger Mönch, der tiefgläubige Demenzkranke murmelt Kommentare und lässt Bücher fallen. »Unser Hofnarr«, zwei Novizen begleiten ihn geduldig.

Das Stift gilt als deutsche Sprachinsel, nun wird es aber von einem Romanen aus dem noch höher gelegenen Tujetsch geführt. Die Literatur beschreibt mir die Muttersprache des Abtes als Ur-Sursilvan, das von den vom Vorderrhein heraufwandernden Sprachreformen nicht erreicht wurde, der Abt selbst nennt es den »Tujetscher Dialekt, der durchmischt ist mit walserischen Ausdrücken«. Gerade im bekannten Stiftsgymnasium hört Vigeli Monn heute »mehr Romanisch als Deutsch«. Ich frage ihn sogleich, warum hier so wenige Menschen leben. »Für mich – wovon leben sie?« Nüchtern rechnet der ehemalige Ökonom des Klosters vor: Sein Großvater hatte siebzehn Geschwister, zwei starben jung, zehn wanderten aus. Nach dem Walsererbrecht bekam jedes Kind sein Erbteil. Auch hat »das Kloster nicht viel gutes Holz«, »das müssen Sie mit dem Helikopter rausfliegen«.

Ich gehe mit dem Abt, den Ältere noch als *Monsignur avat* ansprechen, die Historie durch. »Das katholische Milieu ist in den siebziger Jahren definitiv gestorben«, resümiert er, der Status des Klosters sei geschrumpft. Die katholische Partei heißt heute CVP, und ihr Vorsitzender Gerhard Pfister trug in Disentis folgende These vor: »Entweder wird Europa wieder christdemokratisch oder Europa wird scheitern.« Der Abt sagt dazu nur: »Der Geri!« Ich müsste den ehemaligen Disentis-Schüler schon selber fragen: »Was ist christdemokratisch?« Monn, der eine politische Vergangenheit als Gemeindevorstand hat, lässt sich auf kein Glatteis führen.

Er zeigt mir in einer Kapelle eine Reliquie. Der fränkische Missionar Sigisbert, der das Kloster an der Weggabelung zum Oberalppass und zum Lukmanierpass gründete, löste damit im 8. Jahrhundert Ängste aus. So kommt es, dass ich hier ein Stück der Schädeldecke seines rätischen Mitstreiters Placidus zu sehen kriege. Der Heilige »Plazi« wurde von Churer Schergen enthauptet, soll aber mit dem Kopf unterm Arm noch weitergelaufen sein. Der Abt erklärt, dass der »Hauptträger-Mythos« bei den Franken anzutreffen sei, weiter ostwärts aber nicht mehr. Diese wissenschaftliche Distanz erstaunt mich. Ich frage ihn: »War es denn nicht so, lief er nicht mit dem Kopf unterm Arm bis zum Kloster?« Abt Vigeli antwortet: »Ich hab noch keinen angetroffen, der mir so entgegengelaufen ist.«

Vielleicht hängt es mit diesem nüchternen Ansatz zusammen, dass die Wallfahrt zum »Plazi« eingeschlafen ist. Die Gäste, die von außen kommen, machen dem Abt Mut. In der Surselva selbst jedoch »geht's mit dem Glauben noch weiter runter.«

Ein Hauch von Weltherrschaft

Global-elitäre Kunst, Nietzsches Herrenmoral und Jetset in St. Moritz: Im kosmopolitischen Hochtal Oberengadin

Da ich ohnehin den Ambitionen von Weltkunst, Weltdichtung und Weltherrschaft im Oberengadin nachgehen will, fährt die stark verspätete Nachricht wie ein Blitz in mich ein: Im Sommer 2014 sollen im Oberengadin Kunstwerke aus einer »Bilderberg Collection« gezeigt worden sein. Niemand hatte je davon gehört, dass Teilnehmer der verschwörerischen Bilderberg-Konferenz eine Kunstsammlung gestiftet hätten. Dieser abgeschirmte Debattierklub global-liberaler Eliten, die gemäß der »Chatham House Rule« nichts über ihre Jahrestreffen verraten, sammelt Kunst? Und hat sie weltweit zum ersten Mal in Samedan gezeigt? Ausgerechnet in der »Chesa Planta«, einem gewölbeschweren vierhundertzwanzigjährigen Engadinerhaus des Bündner Adels?

Zwar haben die Bilderberger 2011 im »Suvretta House« nebenan in St. Moritz getagt, doch gibt es der Rätsel mehr. Kurator war der wenig bekannte Künstler Christoph Steinmeyer, in dessen Gemälden ein augenförmiger Planet, ein manipulierter Embryo und penisförmige Quallen durch das Weltall fliegen. Der deutsche Kurator hat durchgesetzt: »Nicht nur die Sammler, sondern auch die Künstler bleiben mit Absicht ungenannt.« Samedans Gemeindeschreiber wiederum hat von der Bilderberg-Ausstellung »keine Kenntnis«.

Also an den Inn, ins edle protestantische Oberengadin. Ich selbst hielt zum ersten Mal in einem Spätsommer in dem tausendachthundert Meter hohen Hochtal, das Herrmann Hesse »ein vorgeträumtes Paradies« nannte. 1893 dichtete Marcel Proust über kleine Engadiner Schmetterlinge: »Unsere zum Klingen gebrachte Seele lauschte dem lautlosen Flug, einer Musik aus Zauber und Freiheit«. Genau dort, im Silser See schwimmend, hörte ich nur den Hall von Motorrädern.

Nun hat es tiefe Minusgrade, die aber wegen der Trockenheit ganz angenehm sind. Bei den Après-Ski-Zelten an den zugefrorenen Seen wird unter Decken und Pelzen gesessen, gelegen und getrunken. Das strahlt eine vornehme Ruhe aus.

Ich beginne bei Friedrich Nietzsche. Als ich jung war, brachte mich die Lektüre seiner berauschenden Schriften in Gefahr. Ich spürte das damals, legte seine Bücher weg und schlug sie nie wieder auf. Neunzehn Jahre später wandere ich durch sein Sils Maria. Auf die Halbinsel Chasté etwa, auf der er in »durchsonntem Moos und Heidekraut liegend« am »Zarathustra« schrieb, auf der er seine »ideale Hundehütte bauen« und begraben sein wollte. Als der Silser Gemeinderat gegen den Bau eines Hotelpalasts auf Chasté stimmte, pries er die Silser als einen »vornehmen Menschenschlag«. Oft ging er nach Silvaplana »auf die Post«. Dort hing der Antichrist in Wahrheit beim protestantischen Pastor ab, schrieb ungestört oder engagierte sich in höflichen Debatten.

Ich übernachte im Nietzsche-Haus. Sein Leiter Peter Villwock »war nie berauscht von Nietzsche, begeistert schon. Sklavenmoral, Herrenmoral – dafür bin ich letztlich zu christlich geprägt.« Villwock kannte in den achtziger Jahren einen Philosophiestudenten in Freiburg, »der war ein großer Nietzsche-Fan und hat sich aufgehängt«. Er zeigt mir das einstige Mietzimmer des Philosophen, Nietzsche nannte es seine »Höhle«. Den Diwan nimmt eine manngroße Skulptur von Nietzsches Schnauzer ein. Der Wandschrank ist voller Bettwäsche, zum Selberbeziehen für die Gäste. Die grünen Tapeten, die Nietzsche auf eigene Kosten anbringen ließ, sind großteils verkleidet. Zu sehen ist noch sein grünes Tischtuch. »Es war alles grün. Das tat ihm scheinbar gut.«

Wir setzen uns in die Küche. Mit dreizehn Gästebetten bezeichnet sich der nüchterne Germanist als »Kleinsthotelier«. In den Silser Hotels, in denen er gratis verköstigt wird, wird er als »Herr Nietzsche« angesprochen. Die Küche ist der Treffpunkt, zwanglos. »Ich versuche, dass die Leute nicht zu kurz da sind. Erst nach ein bis zwei Wochen entstehen richtige Gespräche.« Auch wenn »der Nietzsche-Effekt früher größer war«, kämen immer noch Philosophiestudenten, »solides Bildungsbürgertum«, wegen der Engadiner Erdkräfte aber auch viele Esoteriker. Große Schriftsteller waren im Haus, Bachmann, Celan, Frisch, Dürrenmatt. »Habermas kommt oft, aber vielleicht wegen Adorno«, »Alexander Kluge und Gerhard Richter schreiben im Waldhaus ihr drittes Buch«. Die Stars wohnen aber nicht bei ihm, »denen ist die geteilte Toilette zu primitiv«.

Seit 2007 hauptberuflich im Nietzsche-Haus, hat der Hesse auch was Romantisches für mich: Einmal kam eine systemische Psychotherapeutin aus Wien zum Schreiben, drei Jahre später hat er sie geheiratet. Ich: »Sie haben einen Gast aufgerissen!« Er: »Sie mich!«

Zur Höchstsaison der russischen Feiertage sitze ich in St. Moritz. In der Zwischensaison hat der Großraum achtzehntausend Einwohner, jetzt hunderttausend. Nietzsche spottete über das »bleichsüchtige und nervenschwache Volk aus aller Welt, zusammengeführt durch die modische Berühmtheit jener Bäder«, in Wirklichkeit war er wegen der viel günstigeren Zimmermieten von St. Moritz nach Sils geflohen. Ex-Bundesbank-Chef Karl-Otto Pöhl soll einmal über die Via Suvretta gesagt haben: »Wenn ich diesen Berg hochschaue, sehe ich hundert Milliarden Dollar.« Da waren der Schah, die großen Reeder, Gianni Agnelli.

Tagestouristen sind oft enttäuscht, dass man das Geld auf den Straßen von St. Moritz nicht sieht. Eine

Reklame verspricht: »Effortless Living on Top of the World«, das Lichtdesign der endlosen Rolltreppe vom Parkhaus ins Zentrum hinauf macht noch was her, dann erwartet einen aber eine kalt-funktionale Alpenstadt ohne die anderswo im Engadin so berückende Bausubstanz. Die Reichen lassen in ihre Chalets liefern, die Clubs sind noch diskreter als in London. So sehe ich auch nicht jenen legendären Mailänder, der als »Sillionaire mit dünnen Blondinen und fiepsendem Hündchen« beschrieben wird, den Finanzier von »Art Masters«, den auf ein unbesetztes Berliner Telefon geschrumpften Veranstalter der Bilderberg-Ausstellung. Nach einem Tag und einer Nacht des Beobachtens wage ich zu sagen, dass Russen einen unverdient schlechten, Italiener hingegen einen unverdient guten Ruf genießen. Im Restaurant Hauser sehe ich eine Italienerin mit großen Augen, die gar nicht so traurig wären, wenn sie nicht immer einen Tick zu lange in dieselbe Richtung schauen würden – sie küsst ihren Hund auf den Mund, ihr Mann sieht zu.

Die Bedienung in St. Moritz ist durchgehend italienisch, einige Barmänner sprechen gar kein Deutsch. In einem berühmten Grandhotel stoße ich auf eine Slowakin mit slawischem Silberblick. Jung und schön, fünfsprachig, hochambitioniert. Dass ich Slowakisch spreche, löst ihr ein wenig die Zunge. Ich frage sie: »Aber was als Nächstes? Was kann es noch Besseres geben als St. Moritz?« Ihre Antwort verdattert mich: »Dubai!«

Ich gehe in Hitchcocks liebstes Grandhotel, ins »Badrutt's Palace«. Von außen halb Kreuzfahrtsschiff, halb Tudorschloss, die Halle halb Rittersaal, halb Kathedrale. Die vierhundertfünfzig Mitarbeiter bieten unter anderem Folgendes: Polo und Pommery, White Turf und Windhundrennen, Curling und Cartier Cocktail, Bulgari Empfang und Barracuda Brunch. Ich nehme, was ich mir leisten kann – den Nachmittagstee.

Nun ja, auf Badrutts Balkon sehe ich ein paar dicke Lippen und Pelze. Die silberne Teekanne wird mit Spezialserviette auf dem heißen Griff serviert, Taschentücher zieht man aus einer flauschigen Fellschachtel, und das süße Fingerfood kommt auf einem drei Etagen hohen Tablett.

Ich beobachte eine Alleinspeisende auf dem Balkon. Sie stellt zwei Handtaschen von Chanel auf ihren Tisch, eine im Design einer Milchpackung, und fotografiert sie mit dem neuesten iPhone. Zwischendurch schreibt sie aber auch in ein großes Heft, während drinnen eine asiatische Wassertrinkerin, eine junge Schweizerin sowie auch ich in kleine Notizhefte schreiben. Kann es sein, dass wir in Badrutts Grand Hall nichts anderes tun, als einander gegenseitig zu beschreiben? Weiter vorne spricht eine blonde amerikanische Familienmutter vom Kauf eines Geschirrspülers für vierhundertfünfzig Dollar. Geschirrspüler für fünfhundert oder sechshundert Dollar seien »lachhaft teuer«.

Ich fahre ins Dorf Samedan. Wer, wenn nicht

der Kulturvorstand der Gemeinde kann mir endlich von den Werken der Bilderberg-Sammlung erzählen? Andrea Parolini arbeitet am Flughafen Samedan, auch als Pressesprecher. An einem starken Tag wie diesem hat er dreiunddreißig Handling-Orders am Morgen, bei hundert bis hundertzwanzig Flugbewegungen. Ich erwarte ihn in der Lounge von Vista Air. Eine Glasplatte auf Holzscheiten, ein zehn Kilo schwerer Band von Ralph Lauren, Great-Escape-Bände. Als der Sichtflughafen eine halbe Stunde nach Sonnenuntergang schließt, tritt Parolini ein. »Wie gesagt«, sagt der flinke Redner, er kann mir nichts sagen. Der Kulturvorstand hat die Ausstellung nicht gesehen, er war noch nicht mal eingeladen.

Also reden wir übers Fliegen. »Nicht mehr so viele kommen im eigenen Jet«, die meisten mieten. Catering bietet der Flughafen »grundsätzlich auf dem Niveau von Fünf-Sterne-Hotels«. Ich frage nicht nach den Namen der Reichen, nur nach ausgefallenen Catering-Ordern. Aber auch dazu sagt Parolini, er wisse es nicht. »Die Stärke des Engadin ist seine Diskretion. Wir sagen nicht, wer da ist. Die wissen, die Privacy wird respektiert.«

Also reden wir über Sprachen. Man darf die Bündner Region, die offiziell Maloja heißt, als die dreisprachigste Bündner Region ansehen; dass in Samedan fünfzehn Prozent italienisch und sechzehn Prozent das kleine rätoromanische Idiom Putér sprechen, ist für das Oberengadin typisch. Nun taut der Sohn italienischer Einwanderer auf: Seine Töchter – die große wird Oberstufenlehrerin, die kleine Unterstufenlehrerin – »sprechen sehr gut Putér. Sie sind perfekte Bündnerinnen.«

In meiner Verzweiflung mache ich eine Umfrage im Zentrum von Samedan. Mir fällt auf, dass die meisten auf meine Frage, ob sie aus Samedan seien, ziemlich lange zögern. Dreimal muss ich meine Frage auf Italienisch und einmal auf Französisch wiederholen. Es ist nicht zu fassen, niemand hat von der ersten Bilderberg-Ausstellung der Erdgeschichte auch nur gehört. Man schickt mich zu einem Galeristen, der so heißt wie der ehemalige österreichische Fußball-Nationaltrainer. Marcel Koller ist ein Hüne, die quadratische Narbe auf seiner Stirn gibt ihm etwas Abenteuerliches, und er bricht in ein dröhnendes Gelächter aus: »Kunst interessiert hier vielleicht 0,2 Prozent.« Er sagt, seine Galerie habe »die menschliche Mittelschicht der Künstler«. Und ja, »ich bin mit meiner Frau in die Ausstellung gegangen, wir waren die Einzigen dort«. Koller erinnert sich an einen Sisyphus, »eine strombetriebene Maschine, die sich dauernd bewegt, immer dasselbe«. Er ist aber nicht sicher, ob er den Sisyphus nicht anderswo gesehen hat.

Dann nimmt meine Suche eine verwirrende Wende. Der Leiter der »Chesa Planta« hat ein kantonales Stipendium zum Komponieren eines Violinkonzerts in Wien, also treffe ich ihn in einem Wiener Kaffeehaus. Robert Grossmann ist ein frisch pensionierter

US-Bündner, der »besser Romanisch als Deutsch« spricht. Er war schon 1984 in Samedan, »da haben noch Kühe mit Glocken im herrlichen Morgenlicht auf die Straße geschissen«, und in manchen Läden »wurde man von Tibetern in ihrer Tracht auf Romanisch bedient«. Der Musiker begann erst im Oberengadin zu komponieren. »Hier habe ich plötzlich geglaubt, ich habe etwas zu sagen. Das geht vielen so im Oberengadin. Ich glaub, es sind Licht und Luft und Höhe. Es ist nur am Abend still, am Silser See, sonst vibriert es.«

Grossmann ist Kunstkenner, er verfolgt die Engadiner »Elitebewegung im Kunstbereich«, immer mehr Millionenwerte werden im alpinen Hochtal gelagert. Als »Zufallssammler« hat er zweihundert Bilder, einen Kirchner und einige Giacomettis erworben – alles billig, weil nicht signiert. Der »Bilderberg Collection« hat er »von Anfang an misstraut«. Die Ausstellung habe zwar augenscheinlich anerkannte deutsche Nachkriegskunst enthalten, aber wohl auch Werke des Kurators selbst, und sie sei »wegen der Geheimniskrämerei fast gescheitert.« Heute glaubt Grossmann: »Das war eine Performance von Steinmeyer.« – »Was hat er davon?« – »Er wird sein Leben lang wissen, dass es ihm gelungen ist, die Kunstwelt hinters Licht zu führen. Und wird sich totlachen drüber.«

Ich telefoniere mit Christoph Steinmeyer. »Keineswegs habe ich mich totgelacht«, sagt er mit Nachdruck. Der Deutsche hat schon seit dem Alter von dreizehn Jahren eine Beziehung zum Oberengadin, »ich bin immer wieder Gast im Waldhaus Sils«. Er verwendet gerne dehnbare Formulierungen: »eine Wesensgleichheit niemals postuliert«, »in der Postpostmoderne rekurriert immer alles mit allem«, »es wurde keine Union postuliert«. Ich erwähne einen niederländischen Zeitungsbericht, in dem Bilderberg – seinerseits ohne Nennung eines Sprechernamens – die Existenz einer Bilderberg-Sammlung bestreitet. Steinmeyer beharrt auf ihrer Existenz, sie »dürfte spätestens mit der Präsentation im Chesa Planta bewiesen worden sein«. Teilnehmer der Bilderberg-Konferenzen kenne er »persönlich sicherlich einige«. Aber: »Die Bilderberg Collection nimmt die Chatham House Rule ernst und hält sich daran.«

Da steht also Wort gegen Wort, Schweigen gegen Schweigen. Eine Schalldichte wie in der halbrunden Lobby des Waldhauses Sils. Dort hört man laut die großformatigen Qualitätszeitungen rascheln, aus dem holzgetäfelten Ballsaal nebenan, den man zur Gänze einsieht, dringt aber kein Ton heraus. Dabei sieht man zahlreiche Senioren in einem tastenden Tanzschritt tanzen.

Die Geschichte von der Bilderberg-Sammlung ist wirr, vielleicht ist sie aber auch einfach nur authentisch engadinisch. Sie erzählt von Diskretion.

Die Walser und ihre Freunde

Ein Museum für Facebook-Freundschaft, eine Turmvision und ein schwules Kloster: In den Höhenlagen der Walser

Ich gebe zu, dass ich mit gemischten Gefühlen zu den Walsern fahre. Da ist zum einen vieles, was mich an den zähen Walsergeschlechtern in den »wilden hoehinen« anzieht. Man muss nur einmal über den Oberalppass hinauf, über nebelverhangene Grausteinwüsten hinüber und über den Furkapass hinuntergefahren sein – beim Anblick des ersten schwarzhölzernen Dorfes in ihrer Oberwalliser Urheimat geht einem das Herz auf.

Die Walser, das ist nicht nur Spezialistentum zur Bezwingung extremer Höhenlagen – die gekrümmte Sense, der winterliche Heuzug, die private Einzelsennerei. Das sind nicht nur gemeinsame Sagenmotive wie die wilden Mannli, das Toggi oder die Totenzüge, oder das geheimnisvolle Rheinwalder Brauchtum des *Pschuuri* in Splügen, bei dem man den Mitmenschen mit einer grauslichen Brühe aus schwarzer Schuhwichse, Öl und Ruß zu schwärzen trachtete. Die Walser waren mit dem Aufkommen der Walserforschung im 19. Jahrhundert auch eine Projektionsfläche germanischer Fantasien. Manche Forscher erklärten die Walser für hochgewachsen, blauäugig und rotblond und riefen sie zu artenreinen Nachfahren der Burgunder oder Kimber oder Teutonen aus.

Zum anderen ist da auch vieles, was mich an den Walsern abstößt. Wenn sich Migranten heute so verhalten wie die Walser damals, nennt man sie integrationsresistent. Von seltenen Ausnahmen wie Mulegns abgesehen, nahmen diese Zuwanderer die Bündner Sprache nicht an, und wie die Studie »Das Funktionieren der Dreisprachigkeit im Kanton Graubünden« belegt, ist die Abwehr gegenüber dem Rätoromanischen in siebenhundertfünfzig Jahren nicht geschwunden. Der amerikanische Romanenfreund John Billigmeier schreibt gar von »aggressiven Walsern«, »ethnischen Konflikten« und »Expansion auf Kosten der Romanen«. Die größte lebende Walserfreundin Irene Schuler, Initiatorin des »Walserweges Graubünden«, weist dies in ihrem Walserweg-Buch zurück: »Vertreibungen fanden mit Sicherheit keine statt.«

Ohnehin verstört mich etwas anderes mehr: Es sind auffällig oft Walser, die ihre Höhenlagen auf Teufel komm raus verschachern. Die kaltmoderne Alpenstadt Davos, sind das nicht Walser? Oder das hübsche Thermendorf Vals, in einem engen Seitental der Lumnezia gelegen: Der neureiche Valser Oligarch Remo Stoffel, der einen dreihunderteinundachtzig Meter hohen Wolkenkratzer in sein Dörfli rammen will, ist der nicht Walser? Sprechen die nicht den Valser Walserdialekt, der die Anrede »Sie« nicht kennt und die Anrede »Herr« dem Herrgott vorbehält?

Ich sehe mir die Visualisierung an, im eleganten, eigens für das Projekt geschaffenen Café »7132«. Eine sonore Stimme erklärt mir, dass Überflieger aus internationalen Konzernen im Wolkenkratzer »Femme de Vals« nächtigen werden, eingeflogen per Helikopter für »Incentive Events«. Ich kann nicht sagen, dass ich dagegen bin. Der Turm soll wie eine Nadel in die Wolken stechen. Diese Nadel ist schön. Aber sie ist auch irre.

Ich frage mich, ob die Walser in Graubünden nicht einen Sonderweg eingeschlagen haben. Man hält sie gemeinhin für katholisch; was ein Walser ist, der verehrt den heiligen Theodul, der gemäß der Glocken-Legende den Papst vor der Sünde gerettet und den Teufel übers Ohr gehauen hat. Im Bündnerischen jedoch hat die Mehrheit der Walsergemeinden die Reformation angenommen. Haben sie sich damit vom Rest der Walserwelt abgesondert? Den Obersaxener Ski-Boom und den Valser Größenwahn erklärt das nicht, diese beiden Orte sind katholisch geblieben. Ebenfalls aus Vals und Obersaxen wurden die meisten »Schwabenkinder« in die Fremde verdingt. Ist die Konfessionsfrage wurscht? Träumt sich Remo Stoffel in sein Wolkenkuckucksnest, weil er traumatisiert ist von der Armut der Valser Vorfahren?

Es gibt – außerhalb des Wallis – nirgends so viele Walsersiedlungen wie in Graubünden. Walser siedeln kompakt im Prättigau und in Davos, in der Surselva haben sie das Safiental, Obersaxen und Vals besetzt, dazu kommen viele abgelegene Enklaven.

Ich fahre in drei Orte, anhand derer ich die Bündner Walser zu begreifen hoffe. Zunächst ins Avers. Das ist eine lange Fahrt. Über einer tiefen Schlucht und einem steilen Felsriegel weitet sich schließlich ein einfaches, harmonisches Tal. Man meint, auf die rasengrünen Berge ringsherum raufhopsen zu können wie auf einem Golfplatz. Die ganze Talschaft hat hundertachtundsechzig Einwohner, es gibt wohl mehr Häuser als Einwohner, in Sibirien ist die Siedlungsdichte höher. Im Avers lebt ein Rollstuhlfahrer, der am Straßenrand Kümmel aufliest und zu einem gefeierten *Chümmischnaps* veredelt. Es ist ein Tal für sture Spinner, mit wenig Tourismus, aber tagtäglich von acht Bussen der Schweizer Institution »Postauto« versorgt.

Das günstige Zimmer, das ich auf booking.com finde, führt zu einer gar wunderlichen Übernachtung – ich schlafe in einem schwulen Kloster. Hinter der Tür eines hässlichen Siebziger-Bungalows tut sich ein Treppenhaus voller Ikonen und Heiligenstatuen auf. Die beiden Hausherren spielen gleichzeitig Klerus und eingetragene Partnerschaft, in ihrer »Celtic Church« ist das okay. Der Ire Alistair ist Bischof für die gesamte Schweiz und gleichzeitig der einzige Gläubige. Sein Partner Bruno, ein Mannsbild von einem Tessiner, ist taubstumm. Er betet mehr seine Modelleisenbahn an, die sich in Viadukten und Tunnels um das Haus herumrankt. Auf ihr fahren originalgetreue Nachbauten eines Bündner Heiligtums, der Rhätischen Bahn. Bruno ist so stolz auf seine Eisenbahn, dass er schon mal einen Auffahrunfall einer Motorradgang verursacht hat. Er hatte sich auf die Straße gestellt, um den Motorradfahrern die Eisenbahn zu zeigen.

Am oberen Ende des Avers liegt das angeblich höchstgelegene Dorf Europas. Juf, auf zweitausendeinhundertsechsundzwanzig Metern. Dämmerung, kein Mensch. Ein labil wirkender Köter streunt herum. Verbotstafeln untersagen »das Betreten der Fettwiesen bis nach der jeweiligen Heuernte« und das »Campen oder Nächtigen«. Zu essen finde ich nichts, das Jufer *Lädeli* hat für zweieinhalb von hundertachtundsechzig Wochenstunden offen.

Endlich ein Mensch, ein Kräuterkenner mittleren Alters. Er lädt mich in die nüchterne Stube, zu seiner alten Mutter. Sie hat einen roten Fleck auf der Nase und kann vollkommen unverständlich reden, Walserdeutsch wohl. Der Sohn sagt mir, worüber im Avers gestritten wird: »Melioration« und »Betonstraßen, die dem Tourismus das Grab schaufeln«. Ich frage sie nach dem angeblich mediterranen Einfluss. Sie zeigen mir einen Bergrücken, der schon zu Italien gehört. »Die Schneedecke ist hier nur ein Meter, im Norden zwei bis drei Meter.«

Sie sprechen von der Walserfreiheit dort oben. Sie sind im Leben durchaus gereist, die Mutter in

Italien und Österreich, der Sohn fünfzehn Monate um die Welt, der zweite Sohn verleiht Bergausrüstungen in Bolivien, auch er ziemlich viele Meter über dem Meer. Die Mutter sagt: »Unsere Walserhöfe sind die schönsten.« Und: »Die Walser werden immer wieder neu erfunden.« Und: Sie habe sogleich *angeheimeled*, als sie auf Besuch im Oberwallis war.

Früher trieben die Jufer das Vieh bis nach Como, nun scheint der Kontakt zum italienisch-protestantischen Bündner Tal Bergell abgerissen. Sonst würde die Mutter nicht behaupten: »Komisch, das Avers ist das einzige Südtal, das reformiert ist!« Bevor ich in die stille Nacht hinaustrete, frage ich sie: »Werden in Juf weiter Menschen leben?« Die Walserfrau: »Zürcher mindestens.«

Nach meiner Nacht im schwulen Kloster zeigt mir Bischof Alistair seinen Kapellenraum. Er behauptet, viele Reliquien zu besitzen, etwa vom heiligen Benedikt, auch einen Splitter vom Heiligen Kreuz. Die Andacht ist nicht lang, denn Bruno kratzt lärmend am Fenster. Ich muss raus, weil mir Bruno zeigen will, wie die roten Waggons seiner Rhätischen Bahn über seine kahlen Betonviadukte rattern.

An einem anderen Tag fahre ich mitten in Graubünden in ein Bergdorf hinauf. Ich komme nach Obermutten, um mir auf tausendachthundertdreiundsechzig Metern anzuschauen, was für einen Blödsinn sich Walser einreden lassen. Obermutten, ein eigentlich unbewohnter Ortsteil von Mutten, das neuerdings ein Ortsteil von Thusis ist, hat nämlich ein Museum für Facebook-Freundschaft. Ich treffe Martin Wyss, der dreißig Jahre lang Bürgermeister war, »der bekannteste des Kantons«. Er rechtfertigt sich: »Ich habe in Unkenntnis zugesagt. Sonst hätte Graubünden Ferien ein anderes Bergdorf genommen. Es hat uns nichts gekostet.«

Mutten hat fünfundsiebzig Einwohner und hundert Häuser, meist Ferienwohnungen. Eine, die hier Ferien macht, ist Irene Schuler, die in Walserkreisen für ihren Walserweg-Bestseller verehrt wird. Schuler stößt zu uns. Wyss erzählt, dass Obermutten statt der tausend bis dreitausend erwarteten Facebook-Freunde vierzigtausend gewann, »wir haben mehr Fans als St. Moritz«. Der frühere Winterthur-Mitarbeiter nimmt es als Werbung, zwei Koreanergruppen waren auch schon da. »Was zeigen Sie denen?« Wyss: »Die höchstgelegene Holzkirche Europas.« Schuler präzisiert: »Lärchenholzkirche ...« Dazu das *Lädli* »Inscha Lada« und die einzigartige Aussicht an der Transfluenzstelle von zwei Gletschern. Wyss hat nachgezählt: »Vom Muttner Höhi sieht man am 1. August hundert Höhenfeuer.« Der 1. August ist der Schweizer Nationalfeiertag.

Sie führen mich ins Museum, das ein zugiger und staubiger Schuppen ist. An Holzplanken hängen neunzehn Plakate mit je tausendzweihundert Fotos. Daneben hinterlassene Geschenke: grindige Mützen, ausgebleichte Wimpel, ein selbst bedrucktes T-Shirt »Ich Sauerländer & Du«. Diese Geschenke sind so wertvoll wie eine Facebook-Freundschaft. Ich frage Wyss: »Was ist ein Freund?« – »Ein Freund ist erstens jemand, den ich kenne. Der ehrlich ist und einen Charakter hat.« – »Kann man das von einem Facebook-Freund erwarten?« – »Nein, ich kenne ihn ja nicht.« Mir fällt auf, dass Wyss immer von »Fans« spricht. Den Begriff »Museum der Freundschaft«, gesteht er, hat die Werbeagentur durchgesetzt.

Ich befrage ihn über das Walsertum. »Sind sie gerissen?« – »Nein, harte Köpfe.« – »Sind sie ein Volk?« – »Nein, eine Sprachgemeinschaft.« – »Der heilige Theodul?« – »Eine komische Figur.« – »Das Verschachern der Berge?« Er denkt lange nach. Dann: »Ich finde das schlecht.« Schuler äußert eine ihrer brillanten Beobachtungen: »Die Bündner Walser tragen das Walserische lieber in sich, für sich. In Vorarlberg dagegen muss das Walsertum für alles und jedes hinhalten – für das Hotel Walserheimat, für den Käse Walserstolz und so weiter. In Graubünden gibt es gerade mal ein Hotel, das die Walser im Namen trägt, das Walserhaus Sertig.«

Ich fahre in das Dorf, das für Schuler in ihrer Kindheit zum Walser-Initiationsort wurde. St. Antönien, tausendvierhundertzwanzig Meter, dann noch bei Schneefall hinauf zu einem fünfhundert Jahre alten Walserhaus. Im »Putzischhus« wohnt eine normale Familie. Er Maurer, sie Konditorin, und auch die beiden Kinder halten ihren Ururgroßvater in Ehren – den legendären »Schmuggler-Thöny«. Die Familie hat das Haus ohne Subvention saniert, so darf die Stube jetzt höher als hundertvierundsiebzig Zentimeter sein. Das Holz, mit der Maschine gebürstet, ist original. Man fand ein geschnitztes Symbol, das niemand zu deuten weiß. In der Stube ein Spruch: ALES ALES WAS WIR SECHEND DAS MVST WEICHEN UND VERGECHEN ABER DER GOT FVRCHTET WIRDT EWIG BESTECHEN. Im ersten Stock wohnen Zürcher. Diese lachen oft, weil die Vermieter das Wort »schön« nicht kennen; bei den Walsern hat es »hübsches Wetter«.

Jann Flütsch stößt hinzu, Vertreter des Gewerbes und in der Walservereinigung aktiv. Er sagt: »Vor zwanzig Jahren war ich noch hundert Prozent auf Hardcore-Tourismus«, jetzt ist er mit dem »Skitouren-Mekka« hier ganz zufrieden. Davos findet er »sehr schön«, weil »ehrlich«, Stoffel bewundert er. Diese Valser seien »echter Walser«, er spreche Walserdeutsch mit ihnen. »Sie setzen das Zeichen dort, wo gejammert wird. Die Walser mussten immer kämpfen in unwirtschaftlichen Höhen. Sie wollten immer frei sein, und jetzt kämpfen wir als potenzialarme Räume.« Hausherrin Christina Wolf-Thöny zögert eine Weile, dann stimmt sie zu: »Es muss ja was gemacht werden.«

Wir rechnen uns noch aus, wie viele Bündner wohl als Walser anzusehen sind, und kommen auf dreißigtausend von zweihunderttausend. Ein Machtfaktor, ich sollte netter über sie schreiben.

Was die Urheimat betrifft, so fühlen sich alle am Tisch mit ihr verbunden: Die Tante der Hausherrin ist dem Walliser »Göthi«, dem Taufpaten zuliebe sogar konvertiert, und Flütsch fühlt sich im Oberwallis »zurück bei den alten Wurzeln«.

Ich frage, warum eigentlich nie Walser ins Wallis zurückgegangen sind. Flütsch sagt scherzend: »Die Rückwanderung, vielleicht kommt die noch.« Ich antworte im Ernst: »Aber der Oberalppass ist im Winter gesperrt!« Das ist dem Walserfunktionär noch gar nicht eingefallen. Er sagt zu, die Forderung nach einer Winteröffnung des Oberalp zu prüfen.

In halbmittelalterlichen Kulturzuständen

Ein psycho-religiöser Guru, heilige Urrechte von Sprachclans und das Rätsel um Gangales Scoletas: An der gähnenden Rheinschlucht Viamala

Es ist die Geschichte eines aberwitzigen Menschenversuchs, der mich an den Hinterrhein treibt. Was ich mir aus mehreren Büchern zusammengelesen habe, zeichnet das kühne Experiment nach, das kleinste rätoromanische Idiom zu retten: Sutselvisch, heute nur noch von wenigen Hundert Menschen gesprochen.

Ich bin in der Bündner Region Viamala. Sie ist schwer zu porträtieren, denn sie wird hauptsächlich von der Autobahn Mailand–Zürich zusammengehalten. Oben die walserischen Landstriche Avers und Rheinwald, flussabwärts das Schams, der Heinzenberg und das Domleschg. Sprachlich dominieren zwei deutsche Dialekte, konfessionell der Protestantismus.

Im Rheinwald, in einem abendlichen Spätsommerregen, hat meine Frau mit Blick auf mystisch schimmernde Hochwiesen entschieden, dass sie Graubünden fotografieren will. Ich selbst hatte die Idee, etwas über den Hauptort Thusis als Hochburg des Bündner Serbentums zu machen. Das habe ich aufgegeben – schon der serbische Friseur ist dauernd ausgebucht.

Also Sutsilvan, die Brücke oder Lücke im romanischen Sprachgebiet. Es war der Italiener Giuseppe Gangale, der die sutselvische Schriftsprache schuf. Der »Spezialist für Fragen der Biologie von Kleinsprachen« begann 1944, »die kranke Sprache zu heilen«. Angeblich wollte er die germanisierten Schulen durch ausschließlich romanische Kleinkindergemeinschaften ersetzen, mit aus verschiedenen Tälern zusammengewürfelten Kindern. Er erfand die »psycho-religiöse Methode C«, die »durch Gespräch mit dem Unsichtbaren ein Gefühl für Romanisch erweckt«.

Gangale war ein vergrübelter Intellektueller, der in seiner »Klinik Sutselva« nicht allzu gerne unter die Leute ging. Peider Lansel, ein bedeutender Schriftsteller aus dem Unterengadin, stand kurz vor seinem Tod, als er Gangale wochenlang durch Graubünden führte, um dem Fremden so viele Rätoromanen wie möglich vorzustellen. Gangale gab später zu, dass er sich lieber in der ausgezeichneten Bibliothek des rätoromanischen Dichters eingegraben hätte.

Gangale war von der rätoromanischen Sprachorganisation »Lia Rumantscha« berufen wurden, 1948 setzte sie eine Untersuchungskommission gegen ihn ein. Man warf ihm Egozentrik vor und schmiss ihn 1949 aus dem Kanton. Er ging zunächst nach Kopenhagen.

Vorher soll er aber eine Reihe dieser primitiv eingerichteten Sprachkindergärten gegründet haben: 1944 in Scharans, Andeer und Almens. 1945 in Tomils, Paspels, Präz und Rodels. 1946 in Cazis, Realta, Rothenbrunnen. 1947 in Sarn. Es müssten noch Dutzende Sutselver leben, die das Experiment dieser *Scoletas* durchlaufen haben.

Ich fahre ins Schams. Ins schöne Dorf Andeer, in dem viele Häuser mit der im Engadin verbreiteten Sgraffito-Ritz-Technik dekoriert sind. Ich lümmle am Abend im Außenbecken des Mineralbads. Starke Lichteffekte, rechts der Kirchturm, links der Vollmond über einem Bergrücken.

Hinterher treffe ich Christian Joos. Der pensionierte Journalist, der alle romanischen Idiome beherrscht, gibt den reformierten Kalender »Per mintga gi« und das prächtige »Schamserbuch« heraus. Ich lese darin über »Stein und Wasser«, über die Schamser Zuckerbäcker im Baltikum, über die Tüchtigkeit eingeheirateter Walser – »Hans Buchli sicherte sich das Monopol, gedeckelte Weinbergschnecken als Fastenspeise nach Italien zu exportieren«. Joos kennt die letzten alten Romanen bis nach Ferrera hinauf, er macht dauernd Hausbesuche. Gangales Vertreibung hält er zwar für eine »Oberländer Intrige« der sprachpolitisch hereinregierenden Surselva. Doch führt er mich zu einer alten Kindergärtnerin in Zillis.

Neugierig betrete ich eine uralte Holzstube aus Zirbelkiefer / Zirbe / Arve. Gangale forderte »die

Übertragung der vorsexuellen Liebesbedürftigkeit der Kinder auf die Kindergärtnerinnen«, auf circa vierhundert »meist physisch unfruchtbare spirituelle Väter«. Er suchte Bauerntöchter aus »halbmittelalterlichen Kulturzuständen«, um sie »anzustecken«, ja zu »fanatisieren«. Siehe da, Helene Michael, neunundachtzig, hatte nie Mann und Kinder und lässt nichts auf Gangale kommen. Er sah zwar »wie ein Wüstling aus«, aber »sehr gescheit war er«. Sie kannte ihn vom Sehen. Als Stefan Loringett von der Lia Rumantscha die Lehrertochter zur Kindergärtnerin ernannte, war Gangale schon weg.

Wir rechnen uns aus, dass Helene Michael vierzig Jahre lang jeweils siebzehn bis zwanzig Kinder unterrichtet hat. Die Mehrheit kam ohne Romanisch, aber sie sprach nur Romanisch mit ihnen, und wenn es »mit Händen und Füßen« war. Hat sie die Sprache gerettet? »Ein bissel schon, nein?« Sie sagt oft: »Eine schöne Sprache!« In den fünfziger Jahren pendelte sie mit dem *Velo* zwischen Zillis und Rodels. Sie radelte täglich durch die berüchtigte Schlucht Viamala, über die noch unasphaltierte Straße, »hinunter eine gute Stunde und herauf ein wenig mehr«. Einige Male stürzte sie. Herauf nahmen sie oft Lastautos mit, »die waren aber nicht sorgfältig mit dem *Velo*«. Sie hat dieses Fahrrad immer noch.

Ich frage sie nach Gangales »Bluttransfusionsschulen«, nach seinem Konzept einer Isolierung der Kinder von den Eltern. Die alleinstehende Greisin sagt: »Nie gehört. Vielleicht in anderen Gegenden.«

Ich zitiere eine Gangale-Formulierung – »die heiligen Urrechte ihres Sprachclans verteidigen«. Die alte Kindergärtnerin antwortet rasch: »Das muss man natürlich schon.«

Ich fahre durch die senkrechte Schlucht hinunter, deren Name ganz treffend »schlechter Weg« bedeutet. Goethe hat die Viamala-Schlucht gezeichnet, für seine Muse Marianne von Willemer war sie »der schauerlichste Felsenpass in der ganzen Schweiz«, »wo die sonderbarsten Verbindungen und Mischungen den Unwissenden in Hieroglyphen anstarren, die er nicht zu lösen versteht«.

Nach der Schlucht kommt Thusis, danach säumen viele Burgen die strategische Verkehrsachse am Hinterrhein. In einer dieser Burgen, auf Schloss Schauenstein, wohnt Robert Grossmann, der Leiter der Oberengadiner Chesa Planta, »zur Miete« und angeblich gar nicht teuer. Der Heinzenberg und das Domleschg waren zu Gangales Zeiten schon eingedeutschter als das Schams, vielleicht wählte der Guru nur dort die härtere Gangart.

Ich bin im hochgelegenen Dorf Feldis mit einem hochbetagten Romanen verabredet. Plasch Barandun, einundneunzig, ist jedoch nicht im Haus. »Seine Maschine ist da«, sagt die sinnliche Freundin des Enkels, »er ist wohl zu Fuß aufs *Maiensäss* gegangen.« Ich sehe sie entsetzt an, der Mann ist einundneunzig, sie lacht. Ich fahre viele Hundert Höhenmeter auf die *Maiensässen* runter, suche viele Stunden seine Alm »Prosut« und brülle viele Hundert Male: »Signur Barandun?« Erschöpft in Feldis zurück, erfahre ich, dass Barandun einen Zahnarzttermin in Chur wahrnimmt. Mit Luftseilbahn und Postauto. Allein, mit einundneunzig.

Beim nächsten Besuch finde ich ihn in der heimeligen Kammer, die er »Museum« nennt. Er hat Gangale bei einem Vortrag in Thusis gehört: »Der Saal war voll, er hat angefangen mit seinem Referat über die Fusion. Die Leute haben den Kopf geschüttelt. Am Schluss saßen sie zu dritt da. Das sagt eigentlich alles.« Baranduns Stimme tönt sonor, er spricht ein erlesenes Hochdeutsch. »Gangale war ein Parteiideologe aus dem Osten, aus Ostdeutschland oder Dänemark. Er war schwer zu verstehen sowohl in der Grammatik als auch in der Ideologie.«

Gangale habe mehr Wert gelegt auf das Schamser Romanisch, »das war im Domleschg nicht willkommen. Sein Sutsilvan war fremd, es musste mit Gewalt eingeführt werden. Rumantsch Grischun war noch schlimmer.« Der Autor zahlreicher heimatkundlicher Bücher ist Sprachanarchist: »Ich habe mir erlaubt, immer Feldiser Romanisch zu schreiben und nicht Sutsilvan. Jedes Dorf soll schreiben, wie es will. Dann haben sie Freude daran, das ist urtümlich.«

Seine agile Frau ruft ihn zum Essen. Sie verrät mir, dass sie in den siebziger Jahren in der *Scoleta* aushalf, und zeigt mir das Liederheft von 1970. »Om da neiv«, eine Anleitung zum Schneemannbauen, überhaupt viele Schneethemen. Als ihr Mann zurückkommt, beschreibt er mir die *Scoletas* als Freizeitklub für wenige Stunden pro Woche. »Die Eltern wollten die Kinder lieber in Feld und Stall haben.« Er bestätigt: »Dass man die Kinder mischte, das war Gangales Vision.« Er glaubt aber, dass in Feldis nur Feldiser Kinder die *Scoleta* besuchten.

Ich will ihm einen Bildband abkaufen, »Hausinschriften in der Sut- und Surselva«. Er lehnt ab, er habe zu wenige. Ich helfe ihm suchen und finde welche. Er lehnt weiter ab: »Auch vier ist zu wenig, ich muss Exemplare für meine Rechtsnachfolge besorgen.« – »Sie haben sicher irgendwo noch ein fünftes.« – »Dann fehlt mir ein sechstes.«

Er begleitet mich hinaus, auf eine dieser umwerfenden Bündner Sonnenterrassen. Er prahlt: »Feldis ist das einzige Dorf ohne Sichtverhinderung zum Weltkulturerbe Sardona.« Im Herbst sehe das Faltgestein der Gebirgskette »wie Handorgeln« aus. In der Sonne am Brunnen schneidet Pasch Barandun noch einige der letzten Fragen an. Bei einer muss ich passen, ich habe sie mir noch nie gestellt: »Können Sie mir sagen, ob Gott Adam mit der ganzen fertigen Biologie geschaffen hat?«

Ich habe immer noch niemanden, der nach Gangales Methode die Schulbank gedrückt hat. Verstecken sich die Opfer des Sutselver Umerziehungsexperiments vor mir? Muss ich weiter suchen oder ist es einfach nicht wahr? War die Bluttransfusions-*Scoleta* bloß eine Kopfgeburt Gangales, die nie umgesetzt wurde? Aus den Büchern weiß ich nur, dass die Lehrperson in Paspels erst selbst Rätoromanisch lernen musste und dass ein Jahr nach Verlassen des Sprachkindergartens auch die Vorzugsschüler keine romanische Konversation mehr führen konnten.

Ich gehe ins Altersheim in Scharans. Die Empfangsdame hat nie von Gangale gehört, ist aber von der Geschichte fasziniert und lässt eifrig herumfragen. Gegen Abend kriege ich telefonisch das Ergebnis: Viele Bewohner sind zu jung, zu alt oder von anderswo. Sie haben einen Jahrgang 1942, »in einem Demenzstadium, dass er sich nicht erinnert«, und einen Jahrgang 1939, »aber der kann sich gar nicht mehr …«.

Ich übernachte in Fürstenaubruck. Das »Waldheim« ist ein echtes Gasthaus, und beim Frühstück erspähe ich eine echte Runde Domleschger Senioren. Sie haben einen Fremden am Tisch, einen viehisch schnaufenden Romanen aus der Lumnezia, der zu einem Oldtimer-Treffen angereist ist, ohne einen Oldtimer zu haben, und der Wurst von einem anderen Tisch stibitzt, ohne Frühstück gebucht zu haben. Er habe eine Puschlaverin kennengelernt, erzählt er ihnen mit aushängender Wampe, eine Tochter des stillen italienischsprachigen Bündnertales Puschlav. Die Senioren lachen: »Aufpassen, südländisches Blut!«

Ich trete hinzu und frage. Gangale sagt ihnen nichts, die Kindergärten der Lia Rumantscha sehr wohl. Der Erste ist zu alt, neunzig. Der Zweite ist von der Lenzerheide und behauptet stur, dass das mittelbündnerische Idiom Surmeirisch das einzige echte Rätoromanisch sei. Der Dritte schickt mich zu einem Mann, der alles weiß – »Pasch Barandun in Feldis«.

Der Vierte schließlich hat einen perfekten Jahrgang, 1939, und ist in einem perfekten Dorf aufgewachsen, in Almens. Vor mir sitzt der erste Bündner, der eine von Gangale konzipierte *Scoleta* besucht hat. Umso verwirrender ist seine Auskunft. Er sagt, dass es nicht so war, wie ich es beschreibe. Ja, das Romanische wurde gefördert. »Aber es wurde auch viel Deutsch gesprochen.«

Vom Lebensabend im Süden

Aus der Zeit gefallene Italo-Bars, steingekühlter Whisky, reißende Wölfe und Sterbetouristen: In den italienischen Südtälern Misox und Calanca

Für ein Reisebuch mag es gewagt erscheinen, wie viel Tod ich mir für die Südbündner Region Moesa vorgenommen habe: Ich gehe winterlichen »Freitodbegleitungen« von angereisten Italienern nach, und ich folge den Spuren des Schafe reißenden Wolfs M75. Dabei befinde ich mich im italienischen Süden von Graubünden. Wer sich gut genug hinstellt, kann sich hier gleichzeitig an Palmen, Kühen und Weinreben ergötzen. Zur Wahrheit über das Moesano gehört auch, dass ich nirgendwo so viel über Sinn und Schönheit des Alters lerne.

Auch viele Schweizer wissen nicht, dass die Südtäler Mesolcina / Misox und Calanca zu Graubünden gehören. Die Täler südlich des San-Bernardino-Passes sind ins angrenzende Tessin orientiert, beim Arbeiten, Einkaufen und Zeitunglesen, in der Tourismuswerbung, der Weinvermarktung und im Abstimmungsverhalten. Dennoch wird mir versichert, dass mit der Parole »Los von Chur« kein Blumentopf zu gewinnen wäre. Emotional hängt das Moesano doch am Grauen Bund: »Wir halten uns für etwas Exklusives – unsere Hauptstadt ist Chur!«

Also M75. Der wahrscheinlich aus den Abruzzen heraufgewanderte Wolf hat die Latte der eidgenössischen Jagdverordnung locker übersprungen und »erheblichen Schaden an Nutztieren« verursacht. Fünfundzwanzig Nutztiere hätten ihm gereicht, um zeitweise in vier Kantonen abgeschossen werden zu dürfen, er hat aber innerhalb eines Monats gleich vierzig Schafe gerissen. Allein in Cama waren sieben eingezäunt weidende Schafe tot, zehn weitere hat man aufgrund schwerer Verletzungen eingeschläfert. Als Nichtbündner meine ich, M75 habe sein Leben damit verwirkt. Da erwartet mich aber eine Überraschung.

Zwischen den Bildstöcken der katholischen Talschaft herumfahrend, hole ich Meinungen ein. Ich höre ausgewogene Abwägungen über Herdenschutzmaßnahmen, über »Zonen für Wolf und Mensch«, über »die Frage des Zusammenlebens«. Dieser einsame Wolf sei kein Thema, sagt einer, »da müssten mehr kommen«. Eine argumentiert: »Töten ist für Christen ein Problem.« Ein aus Nordbünden Zugewanderter giftet: »Lieber hundert Wölfe als ein Mittelklassebauer! Es gibt in der Schweiz jedes Jahr fünftausend tote Schafe, wegen Larifari, wegen Vernachlässigung durch die Bauern!«

Ich frage auch im italienisch-protestantischen Südtal Bergell, in Stampa, an einem weiteren Tatort von M75. »Ein sehr demokratischer Mensch« plädiert für das Einhalten der Richtlinien: »Die Leute sind auch selber schuld, wenn sie die Abfälle von Viehgeburten nicht fachgerecht entsorgen. Das lockt den Wolf natürlich an.« Niemand spricht von Angst. Niemand ruft: Knallt die Bestie ab! Bald kann M75 aufatmen – die zweimonatige Abschussfrist im Tessin und in Graubünden verstreicht ohne Abschuss.

Ich fahre ins Calanca hinauf, in eines der entleerten Seitentäler, das Basler Raumplaner schon mal räumen wollten. Das käme billiger. Ich war früher einmal hier, als ich mich dem sagenhaften Kulturerbe der Bündner Sexpuppe widmete, die sich einsame Senner seinerzeit gebastelt haben sollen. Das einzige nachgewiesene Exemplar des *Sennentuntschi* – es wird im Rätischen Museum in Chur aufbewahrt – wurde nämlich auf einer Alm im Calanca gefunden. Ich stellte bei der Gelegenheit fest, wie fremd einander die drei Bündner Sprachgemeinschaften manchmal sind: Fast alle Deutschschweizer und Rätoromanen kannten die Legende, das Theaterstück und den Film, wobei das *Sennentuntschi* von den Romanen *poppa* genannt wurde – während das Ding den Italienischsprachigen am Fundort Calanca vollkommen unbekannt war. Sie hatten daher auch keinen Namen dafür.

Die einzige Ressource im Calanca ist Ruhe, die wird aber von den Steinsägen des Steinbruchs durchschnitten. Das gibt Ärger, da einige Ruheständler ins Calanca gezogen sind. »Wegen den Zugezogenen sollten wir fast zusperren!«, sagt Giovanni Polti. Der Unternehmer in dritter Generation ist der einzige nennenswerte Arbeitgeber im Calanca. Der grundsympathische Kumpel-Chef beschäftigt sechsunddreißig Leute, keine *Frontalieri* genannten Tagespendler aus Italien, aber Schweizer, Italiener, Spanier, Portugiesen. Ich suche ihn wegen seiner Idee auf, Whisky mit Gneis-Steinchen zu kühlen. Das muss einem erst einmal einfallen.

Polti macht mir einen *ristretto* und legt zwei Säckchen auf den Stehtisch, »Calanca Ice Rocks by Alfredo Polti SA«. Ein Marketing-Gadget, von dem er weniger als hundert im Jahr verkauft. Wer kauft das? »Es sind schon ältere Leute.« Er erzählt, dass schon einst die Schotten Steine aus den Flüssen genommen hätten, um den Whisky zu kühlen. Polti ist geschäftstüchtig: Da ich meine Finger nicht von den Steinchen lassen kann, macht er mir zum Abschied folgendes Angebot: »Sie können beide Säckchen zum Preis von einem haben.« – »Und wenn ich nur ein Säckchen nehme, kriege ich's dann gratis?« – »Nein, eines kostet genauso dreißig Franken.«

Hinterher stoße ich auf einen weiteren Beweis für meine These, dass ich den vielfältigsten Kanton dieser Milchstraße bereise: Auf siebenhundertfünfzig Talbewohner kommt eine verblüffende Anzahl zeitversunkener Italo-Bars, die alle offen haben. Sehr alte bis betagte Wirtsleute schieben in ihnen unverdrossen Dienst.

Eine liegt am oberen Ende des Calancatals. Über dem Eingang hängt Don Bosco, die Barhocker sind flauschig wie in Diskotheken der achtziger Jahre. Ein Alter und eine Alte erscheinen und verschwinden wie zufällig. Die Alte zählt mir die Geschmacksrichtungen ihrer Limonaden auf und geht. Der Alte trägt einen schwarzen Dreireiher über einem blauen Hemd, er steht etwas seitlich und etwas schräg hinter der Ausschank, ein bisschen wie ein Gast und ein bisschen wie der Wirt. Ein gewiss vierzig Jahre altes Foto zeigt ihn, nichts Entscheidendes hat sich verändert. Der Alte am Rand der Ausschank ist der Wirt.

Weiter unten im Tal betrete ich ein größeres Lokal. Ich zweifle lange, ob es offen haben kann. Stil einer Werkskantine, die Bestuhlung zusammengestoppelt, über der Küchentür ein Kruzifix, und die Ausschank ist lang, aber zum Abstützen eines Ellenbogens zu niedrig. Kein Mensch, nur am Ende einer langen Tafel sehe ich einen unbewegten Alten sitzen. Sein Kopf ist auf die Quizshow eines Berlusconi-Senders gerichtet. Er könnte schlafen. Er hat neben sich eine lautverstärkende Box stehen, korbfarben, historisch. Als ich laut grüße, bedient er mich.

Der Blick aus dem breiten Fenster wird von weißen Gardinen versperrt. Über eine schwarze, trockene Schlucht hinweg sieht man auf das weiße Haus hin, in dem zwei aus Italien angereiste Menschen euthanasiert worden sind.

Ich fahre ins dichter besiedelte Misox, ins raue Großdorf Roveredo. Nach Eröffnung der vierhundertvierzig Millionen Franken teuren Autobahnumfahrung haben fünfundsechzig Prozent der Stimmbürger zugestimmt, die frei gewordene Brache der ehemaligen Autobahn in ein neues Zentrum zu verwandeln. Ich lasse die traditionellen Kabale im Gemeindevorstand aus, die 2013 gar zur Einsetzung eines kantonalen Kommissärs geführt haben. Das Projekt »Roveredo Viva« sieht auch fünfzehn Wohnungen *per la terza età* vor, »für die dritte Lebensphase«. Daran wird ein »Parco ai Mondan« anschließen, daran der Fluss Moesa. Noch ist der Ghetto-Style der Fußgängerbrücke und der dunklen, beschmierten Unterführung intakt, aber es wird gebaggert. Sogar Roveredo wird einen schöneren Lebensabend bieten.

Auch im Misox, das von der Autobahn Mailand–Zürich durchzogen wird, beeindrucken mich zähe Senioren. Einmal übernachte ich in einer Oma-Tochter-Enkelin-Pension in Verdabbio. Die Oma thront auch im Mai noch am beheizten Kamin. Oft sitzen Verwandte oder hilfreiche Geister bei ihr. Alle Gäste müssen an ihr vorbei, Oma hat die absolute Kontrolle, die Rezeption ist in die gute Stube gestülpt. Es ist Oma, die mir bei Nacht die Info steckt, in welchem Badezimmer man nicht friert.

Dort in der mittleren Mesolcina wieder so eine kleine Kneipe. Geweihe, eine Leuchtröhre »Calanda Bräu«, eine Vase mit Pfauenfedern. Ein Lesetisch mit fünf Büchlein, eins über deutsche Schäfer. Ich trete ein, obwohl mir die runzlige Chefin abrät: »Ich habe keinen Rotwein, der geht nicht, ich habe nur Weißen.« Drinnen geht es durchaus lebhaft zu, ein Stammgast lamentiert über eine Quizfrage im öffentlich-rechtlichen Fernsehsender *RSI*, irgendwelche höchsten und niedrigsten Berge.

Bei Tage fahre ich nach Monticello, einen wunderhübschen Ortsteil am Hang von San Vittorio. Der *spazzacamino* mit seinen schwarzen Besen ist gerade da. Ich betrachte das rosarote Haus, in dem ein neunzigjähriger Italiener in den Tod begleitet worden ist. Seitlich ein liebliches Gärtlein mit einer Sitzgarnitur aus Gneis. Auf dem Haus steht *Ristorante*, an Wochenenden wird tatsächlich gekocht. Es heißt, die Wirtin habe nichts von der Sterbehilfe gewusst. Ob auch der im Tessin lebende Hausbesitzer ahnungslos war, darüber gehen die Meinungen auseinander.

Wie nach dem Wolf, so frage ich im Moesano auch nach der Euthanasie. Das gibt eine weitere Überraschung. Zwar wünschen sich die Bündner Südtäler kaum, wie das Tessin zur Sterbedestination für Italiener zu werden. Mit der Freitodbegleitung als solcher haben jedoch nur wenige ein Problem: »Die Wahlmöglichkeit besteht«, »eine private Entscheidung«, »jeder, wie er meint«, »ich würde mich vielleicht auch umbringen«. In der Nähe eines Tatorts sagt einer: »Das machen *Germanici*, die Häuser dafür mieten, Touristen.«

Schließlich sitze ich mit der ältesten Abgeordneten des Kantonalparlaments im Café. Nicoletta Noi-Togni, sechsundsiebzig, bestellt mir *un canun*, ein großes, kanonenförmiges Croissant mit Fülle. Die quirlige Dame, die als Unabhängige in der SP-Fraktion sitzt, hat noch eine »große Motivation« – als dienstälteste Großrätin die Legislatur zu eröffnen. Auch ihr Bruder war Großrat, ist bis achtzig in seinem Restaurant gestanden. »Als er aufgehört hat, ist er krank geworden.« Sie warnt vor dem Errichten zu vieler Alterswohnungen, denn im Moesano verlassen die Alten ihr Haus erst, wenn es nicht mehr anders geht. »Die Pflegekosten der Region Moesa sind die niedrigsten im Kanton.« Sie sagt: »Man muss so tun, als gäbe es das Alter nicht. Illusionen sind nicht immer schlecht.« Ich frage: »Ist das Moesano für den Lebensabend attraktiv?« Sie bejaht, die Steuersätze und die Krankenversicherungsbeiträge seien niedriger als im Tessin.

Die älteste Großrätin, die einst Krankenschwestern unterrichtet hat, ist grundsätzlich gegen Euthanasie: »Für mich hat ein Mensch kein Recht, über Geburt und Tod zu entscheiden.« Die katholische Kirchgeherin, die eine Dissertation in Philosophie schreibt, begründet dies philosophisch, mit ihrer Ablehnung von Relativismus und Positivismus. Wenn sie moralisch gegen Sterbehilfe argumentiert, sagt sie, dringt sie bei den Menschen nicht durch: »Die Euthanasie-Diskussion wird nur verstanden, wenn ich es in Zusammenhang mit Business setze.« Darum erwähnt sie oft die sechzehntausend Franken, die sterbewillige Italiener angeblich bezahlt haben.

Dann frage ich auch Noi-Togni nach M75. Sie ist die Erste, die ihn fürchtet. Sie klagt, sie könne nicht mehr joggen gehen. »Mein Freund hingegen ist befreundet mit dem Wolf, er soll dem Wolf als Nachtmahl dienen.«

Verwirrt verlasse ich das Moesano. Es will mir nicht zusammenpassen, das Mitgefühl mit dem mörderischen Wolf und das Verständnis für die Euthanasie von Menschen. Allein meine Frau kommt auf eine Erklärung: »Schau, der Wolf ist gesund, darum wollen sie ihn leben lassen. Die verletzten Schafe schläfert man ein, und die kranken Leute auch.« So klingt das logisch. So habe ich es nicht betrachtet.

Zu Hause angekommen, lege ich Poltis Steinchen ins Gefrierfach und werfe sie in ungekühlten Whisky. Der erste Schluck enttäuscht mich, der Gneis kühlt den Whisky weit nicht so schnell wie Eiswürfel. Ich muss warten, ich muss lernen zu warten, erst dann kommt der unverwässerte Genuss. Der Gneis aus dem Bündner Süden hilft mir, mich auf die Ruhe des Lebensabends zu freuen.

Unter italienischen Protestanten

Pizzoccheri, Esskastanienwälder, Zuckerbäcker-Palazzi und ein Verlustdrama im Schnee: In den Südtälern Bergell und Puschlav

Die Existenz italienischer Protestanten erscheint mir schon als eine ziemliche Sensation. Wenn diese Sensation aber geballt auftritt und ununterbrochen über die Dauer von fünfhundert Jahren, muss ich sie mit eigenen Augen sehen. So was gibt es in Graubünden und nirgends sonst.

Ich will in den Bündner Südtälern Bregaglia / Bergell und Poschiavo / Puschlav herumfahren, will mit zwei der drei Bündner Italo-Pastoren reden und feierlich mit der Rhätischen Bahn auf den Berninapass zuckeln. Eine beschauliche Tour, die unerwartet dramatisch endet: Ich werde meine schwangere Frau in einer Schneewüste verlieren.

Also jäh hinuntergestürzt von Maloja, aus dem Hochtal Oberengadin, ins viel tiefer gelegene Südtal Bergell, über »eine entsetzlich tiefe Precipice, ohne einen Weg zu sehen«, wie vor zweihundertfünfzig Jahren ein Reisender schrieb. Ich bin in der vermutlich einzigen Gegend der Welt, in der italienische Protestanten die überwältigende Mehrheit stellen. Auf dem Friedhof von Soglio sah ich früher einmal einen alten Mann stehen. Er stand vor einer dunkelgrauen Betonwanne, ins Wasser waren Metallplättchen versenkt. »Da«, sagte der alte Bergeller, »lege ich mich nicht hinein.«

Als ich im Mai wiederkomme, liegt Soglio im Nebel. Im Nebel die Räucherhütten von Europas größtem zusammenhängenden Esskastanienwald. Im Nebel die nüchternen Steinbrücken. Die zwei Betonwannen auf dem Friedhof werden von zwei grünen Gießkannen bewacht, leicht schräg, in präziser Parallelität aufgestellt. Soglio hat Kastanienbier, Kastaniennudeln, Kastanienhonig, Kastanientorte im Angebot, wir knabbern an einem Kastanienbrot. »Hm«, sagt meine Frau, »schmeckt wie geräuchert.«

In Stampa, schräg gegenüber von Giacomettis Geburtshaus, liegt ein unbrauchbares Randgrundstück zwischen Durchzugsstraße und dem Fluss Maira. An einer türlosen Hauswand kniet ein sanfter lächelnder Glatzkopf von Ende fünfzig und wühlt hauptsächlich mit den Händen Unkraut aus der Erde. Das schmale Wiesenstück gehört seiner Freundin, er »will, dass es schön ist«.

Ich bin mit der Bergeller Pastorin verabredet, in der Touristeninformation von Stampa. Ein kurzer Haarschopf, ein breites Lachen, Simona Rauch. Wir gehen in den ersten Stock hinauf. Neben dem Besprechungsraum tut sich ein strenger, mit dunklem Holz ausgekleideter Saal auf, für Gottesdienste im Winter. Die versenkten Plättchen, beruhigt mich die junge Pastorin, sind keine Gräber. Seit dem

Schweizer Staatsakt zur Eröffnung des Gotthard-Tunnels ist Simona Rauch ein bisschen berühmt: Sie hat am Gotthard alle Reformierten der Schweiz vertreten, daneben auch alle Italofonen und alle Frauen – Pfarrer, Imam, Rabbi und auch der vermutlich vom Verkehrsministerium ausgesuchte Atheist waren alle Männer.

Da ihr im Deutschen und mir im Italienischen die Sicherheit fehlt, unterhalten wir uns auf Französisch. Sie sagt, sie wurde nicht wegen einer »Erleuchtung« Priesterin. Sie arbeitete zunächst als Logopädin im Tessin, bevor sie in Genf und Neuchâtel Theologie abschloss. Ihr Vater ist Pastor, ein Bündner aus dem protestantisch-rätoromanischen Unterengadin. Sie verbrachte ihre ersten sechs Jahre im Bergeller Dorf Vicosoprano, wo sie auch jetzt wieder lebt, ist also ein bisschen von hier. Den lokalen Dialekt Bregagliotto versteht sie gut, weil sie ihn als Kind gehört hat und »weil es dem Vallader ähnelt, das mein Vater mit seiner Schwester sprach«. Mit ihr endet die Pfarrerdynastie wohl, sie ist kinderlos.

Als sie 2007 mit dem Bergell ihre erste Kirchgemeinde bekam, staunte sie: Italienische Protestanten sind überall »eine verstreute Diaspora«, auch im Tessin war sie das einzige reformierte Kind in ihrer Klasse. Im Bergell hingegen wird so etwas wie die Einschreibung zur Konfirmations-Katechese »als selbstverständlich vorausgesetzt«. Im Tessin konnte sie unerkannt mit Freundinnen essen gehen, im Bergell ist »es schwer, dass ich nie aus meiner Rolle heraustrete, ich bin immer die Pastorin«. Sie nennt die zehn Jahre eine lange Zeit. Sie imkert und wandert und findet die Bedingungen für ihren »spirituellen Weg«. Es ist ruhig. Sehr ruhig. Wahnsinnig ruhig. »Man muss stabil sein hier.«

Dann sagt Simona Rauch: »Wir sind schon eine Minderheit, benehmen uns aber noch, als wären wir die Mehrheit.« Sie rechnet mir vor: An den insgesamt sieben Bergeller Kultstätten gibt es sonntags vier bis sechs Gottesdienste, zu denen von den etwa tausend Reformierten der Talschaft insgesamt fünfzig erscheinen. »Das ist ja wie in Großstädten!«, rufe ich aus. Sie bejaht. Nur in Castasegna kommen fünfzehn Leute. Castasegna ist der Grenzort zum katholischen Italien, von wo auch ein alter katholischer Pfarrer einpendelt, um seine wenigen Bergeller Schäfchen mit Sinn für ökumenische Zusammenarbeit zu betreuen.

Anderswo »sind es manchmal zwei bis drei Personen, in einer großen Kirche wirkt das entmutigend«. Als nur eine Dame erschien, gingen sie nach Hause auf einen Kaffee. Es ist noch nicht vorgekommen, dass sie allein in der Kirche stand. Die herzliche Pastorin vermittelt mir aber den Eindruck, dass sie sich in der einzigen mehrheitlich protestantisch-italienischen Gegend dieses Erdenrunds auch darauf einstellt.

Ich verlasse das Bergell, das 2017 mit einem tödlichen Erdrutsch in die Nachrichten kam. Ich fahre ins Bündner Südtal Poschiavo/Puschlav, nehme aber nicht die Hochgebirgsroute die über Malojapass, Oberengadin und Berninapass, sondern über das italienische Veltlin. Das Veltlin mit seinen pittoresken Weinbergen, mit sich auf Steilhänge hinaufrankenden Steinterrassen, war lange im Besitz von Graubünden. Ohne demokratische Partizipation, wohlgemerkt, die Bündner beuteten das fruchtbare Veltlin als »Herrschaft« aus.

Das Veltlin ist ein Kulturschock, plötzlich überall Menschen, Leben, Lärm. Selbst noch Tirano, das hübsche Grenzstädtchen zum Schweizer Puschlavtal, ist ins ferne Mailand orientiert, die Pendlerzüge spucken Hunderte Menschen aus. Den alpinlombardischen Dialekt höre ich bei den Jungen nicht mehr.

Tirano unten ist lärmend und vulgär, das Puschlav oben ist leise und fein. Früher einmal habe ich in Cologna Puschlaverinnen in der katholischen Abendmesse singen gehört, aus so vollen Kehlen, dass die fehlende Orgel fast nicht auffiel. Was die Konfessionen betrifft, ist das Puschlav traditionell »paritätisch«, Katholiken und Protestanten leben nebeneinander her. Das hat über Jahrhunderte einen inneren Konflikt verursacht, der dem Puschlav einen unschönen Spitznamen eingebracht hat: »Nordirland der Schweiz«.

Nun interessiert mich die protestantische Sicht auf jenes Belfast in den Hochalpen. Als 1620 aufständische Veltliner in die paritätische Bündner

Talschaft einfielen, kamen sie zwar nicht weit über den ersten Ort Brusio hinaus, wo sie dreißig Protestanten töteten. Die bürgerkriegsähnlichen »Bündner Wirren« wirkten aber im Puschlav ungewöhnlich lange nach: Die Schule war in Poschiavo bis 1968 konfessionell getrennt, der Kindergarten gar bis 1990. In den Fünfzigern entschied der Gemeinderat, den protestantischen Schülern drei Schulwochen mehr zu geben – bei den katholischen Bauernkindern war ohnehin nicht an ein Studium zu denken. Es heißt, die Protestanten hätten einen eigenen Dialekt gesprochen. Gemischte Ehen waren eine Tragödie. Das Gotteshaus der anderen Konfession zu betreten, das wäre einem nicht in den Sinn gekommen.

Brusio, ein paar magere Palmen stemmen sich gegen den nach Italien hinabstürzenden Abhang. Eine hagere Frau kehrt den schlichten und grauen, eh schon sehr sauberen evangelischen Friedhof. Als ich im Plaudern die übliche Formel vom »überwundenen Konflikt« gebrauche, beginnen ihre Lippen unvermittelt zu zittern. Sie ist katholisch, erzählt sie, geht aber mit ihrem reformierten Mann zum reformierten Gottesdienst, die Hochzeit in Miralago war ökumenisch. Zwei Tage vor der Trauung habe sie einen Brief von der bischöflichen Kanzlei in Chur bekommen. Sie sei damit gezwungen worden, eine Verpflichtung zu unterschreiben, dass sie die Kinder katholisch erziehen würde. »Der Bischof von Chur hat mir meine Hochzeit verdorben!«

Wir flanieren mit Plaisir durch den Hauptort Poschiavo. Die neoklassizistischen bonbonfarbenen *palazzi*, die sich die heimgekehrten Zuckerbäcker errichtet haben, erinnern mich an Odessa. Die Ortsnamen auf den evangelischen Gräbern lauten tatsächlich Odessa, Kiew, Florenz, Berlin, Madrid. Meine Frau, die dem Buchweizen in allen seinen Aggregatszuständen huldigt, erlebt Puschlaver *pizzoccheri* als Offenbarung: »Ein einfaches, sättigendes Bauernmahl. Ich bin ganz baff, dass ich so was Gesundes zum Abendessen kriegen kann.« Ich bin auch angetan, besonders von der Zutat Mangold. Meine Leibspeise im Bündnerischen sind *capuns*, ein anderes Bündner Nationalgericht, mit Kräutern, *Salsiz* oder Bünderfleisch angereicherter Spätzleteig, der in Mangoldblätter gewickelt und gekocht wird.

Ich spreche Antonio Di Passa, inzwischen »leider« der einzige Pastor im Puschlav. Ich frage auf Deutsch, er antwortet auf Italienisch. Der professorale Typ rechnet mir hinter seinen dicken Augengläsern vor: dreihundert Protestanten in Poschiavo, hundert in Brusio, Gottesdienstbesuch dreizehn bis fünfzehn Prozent. »Das ist mehr oder weniger stabil.« Dass der Anteil der Reformierten seit dem 19. Jahrhundert so stark gefallen ist, erklärt sich der ebenfalls kinderlose Pfarrer damit, dass die Reformierten auswandern mussten.

Ich spreche an, dass die *palazzi* der Zuckerbäcker selbst dann untypisch protzig erscheinen, wenn man sie mit den Patrizierhäusern wohlhabender Protestanten in Nordirland vergleicht. Wir sind beim Thema – das soziale Gefälle zwischen Puschlaver Protestanten und Katholiken. Di Passo rügt mich: »Das sind Vorurteile wie gegen Juden. Die sind auch nicht alle reich. Viele sind auch gescheitert. Wer reich wurde, wurde es nicht, weil er gestohlen hat, sondern weil er gut gearbeitet hat.« – »Wieso diese für Protestanten ungewöhnlich prunkvollen *palazzi*?« – »Wenn du im Osten deinen Weg gemacht hast, dann willst du es vielleicht auch zeigen. Drinnen sind diese Häuser aber ganz schlicht. Essenzialität ist für den Protestantismus zentral.«

Di Passa ist Römer. Wie bitte, ein Protestant aus Rom? »Nein«, wehrt er schmunzelnd ab, »ich habe nicht versucht, originell zu sein.« Sein Vater war Baptist, dazu kamen Einflüsse der Waldenser und Methodisten. Seine Glaubensgemeinschaft sei in Rom kurz nach dem Krieg noch verfolgt worden, erst mit dem Zweiten Vatikanischen Konzil habe sich das geändert. »In der Schule war ich ein Protestant unter siebenhundert Katholiken. Die Gemeinde hat mir den Sinn vermittelt, warum ich Protestant bin. Die Katholiken wussten das nicht.«

Als er 2000 ins Puschlav kam, erschien ihm die Vorstellung eines Nordirlands in der Schweiz »absurd« und als »Skandal«. Die hiesige Kirchengemeinde *»è antiquissima«*, »ich war sehr froh, Pastor einer der ältesten Gemeinden zu sein.« Er schätzt, dass Alltagsscharmützel – etwa die Störung des Karfreitags durch Katholiken – seit dreißig Jahren nicht mehr vorkommen. Er selbst zahlt seine Miete an ein Nonnenkloster, über ihm wohnt der alte, ökumenisch engagierte Pfarrer. »Der Gegner ist heute das Nichtige, *la nulla*.« Auf eine immer noch brisante Rivalität innerhalb des Tales anspielend, frage ich den Römer: »Wie fühlen Sie sich in Poschiavo?« Er gibt schmunzelnd zurück: »Besser als einer aus Brusio.«

Di Passa ist siebenundfünfzig. Will er in der Rente nach Rom zurück? »Nein, ich bin *Poschiavino!*« Er will abwechselnd im Puschlav und in der Toskana leben, seine Frau stammt von dort ab. Er gibt mir noch eine Botschaft für die Menschen jenseits des Alpenhauptkamms mit: »Wir fühlen uns oft unverstanden, dabei sind wir hier an den Wurzeln von Graubünden.«

Für die Abreise habe ich eine Idee, die mir genial erscheint: Meine Frau fährt fotografierend mit der Rhätischen Bahn, nicht bis nach St. Moritz, sondern nur das steil ansteigende Stück zum Berninapass hinauf, und ich erwarte sie dort mit dem Wagen. So müssen wir nicht sinnlos nach Poschiavo zurückgondeln und sparen sechsunddreißig Franken. Ich erinnere mich, im September dort oben einen *macchiato* geschlürft zu haben, vor dem Ospizio Bernina, auf zweitausenddreihundert Metern. Nun ist Mai, also Frühling, die Sonne scheint. So wird es gemacht.

Als ich vor dem *ospizio* am Berninapass ankomme, ist der Eingang malerisch zugeschneit, alles ist geschlossen, und kein Bahnhof ist zu sehen. Ein Fahrer des Straßendienstes macht gerade Pause. Ich frage ihn: »Wo ist hier der Bahnhof? Meine Frau kommt gleich dort an.« – »Der Bahnhof ist dreihundert Meter weiter unten, aber die Zufahrt ist nicht geräumt, es liegt ein Meter Schnee.« Er rät mir dringend, meine Frau anzurufen, um ihr zu sagen, dass sie bei der geräumten Station Diavolezza aussteigen soll. Meine Frau hört aber ihr Mobiltelefon nicht. Sie fotografiert, geblendet vom plötzlichen Weiß über zweitausend Metern, von den glatten Wellen des Schnees. Sie sieht aus dem roten Zug einen Fischer an einem See. Dieses Zeichen von Leben beruhigt sie.

Sie steigt aus, fotografiert den schönen Bahnhof aus Naturstein, übrigens der höchstgelegene Bahnhof der Rhätischen Bahn. Erst jetzt erreiche ich sie. Ich kann sie nicht sehen, aber ich kann mit ihr telefonieren. Ich bin aus dem Häuschen, meine schwangere Frau hingegen ist ganz ruhig.

Zwischen Straße und Bahnhof verläuft nur die alte Spur eines Raupenfahrzeugs, darin die weit auseinander liegenden Stiefelabdrücke eines Mannes. Meine Frau, in weißen Sneakers, folgt langsam dieser Spur. Manchmal, wenn ihr Fuß versunken ist, legt sie sich zum Rasten in den Schnee. Die Stille ist beinahe absolut. Sie hört nur ihren Fuß im Schnee und ihren Atem. Die Zeit vergeht nicht.

Als wir uns endlich in den Armen liegen, nennt meine Frau ihre Schneewanderung am Bernina »schön«. Der Aufstieg zu mir sei sehr romantisch gewesen.

Weiße am weißen Wasser

Ein Eldorado von Antiquitäten, eine Geheimsprache, ein Tabu: Bei den Jenischen in der Region Albula

Die Feindseligkeit, die mir bei diesem Thema entgegenschlägt, überrascht mich böse. Zwar ist die Schweiz das einzige Land, das die Jenischen als »nationale Minderheit« anerkennt. Zwar ist die jenische Seppli- und Fränzli-Musik ein akzeptierter Bestandteil der Bündner Folklore. Zwar hat man Jenische in der ganzen Schweiz in Anlehnung an ein Bündner Dorf *Vazer* gerufen, popularisiert durch den Schauspieler Zarli Carigiet, der in seiner Rolle als Landstreicher verkündet hat: *»I bi vo Vaz und kumma vo Vaz und bi au z Vaz dahaima.«*

Und doch stößt mein Plan, am »weißen Wasser« der mittelbündnerischen Region Albula unter »weißen Zigeunern« zu verweilen, auf Widerstand. Die Jenischen, die sich nicht verleugnen, wollen nicht ihren Namen in meinem Buch lesen. Sie haben gewiss ihre Gründe. Ich höre, dass man sie »Ausgesteuerte« nennt. Dass ein Offizier vor Jahren nicht in den Generalstab aufsteigen konnte, weil ihn die Bündner Armeeführung wegen seiner jenischen Herkunft ablehnte. Dass Polizisten, die selbst jenisch klingende Namen tragen, Jenischen extra saftige Strafen aufbrummen und sie als »Zigeuner« beschimpfen.

Ich treffe einen Regionalpolitiker. Seinen Namen und seinen Wirkungsort lasse ich weg, denn das ist ein Massaker von einem Interview. Er preist die Finanzkraft der Gegend, »Achtundachtzig Prozent wohnen in Wohneigentum«, in der Skisaison »leben hier dreißigtausend Leute, tausendachthundertfünfzig Pendler kommen täglich zu uns zum Arbeiten«, man unterstützt das Kunstprojekt des Origen-Turms am Julierpass und Dürre-Opfer in Somalia. Nun trägt dieser Politiker aber auch einen Familiennamen, der als klassisch jenisch gilt, und wie viele Bündner Jenische hat er österreichische, genauer gesagt Südtiroler Wurzeln. Er blafft mich an: »Ich will überhaupt nicht, dass über das Thema geschrieben wird. Wenn Sie darüber schreiben, werden Sie angegriffen.«

Er schimpft, dass über die Bürger seiner Gemeinde »Unwahrheiten veröffentlicht« werden. »Was ist die Definition? Debil, minderwertig, geistig zurückgeblieben, das steht in der Wikipedia.« – »Das habe ich in der Wikipedia nicht gelesen.« – »Ich kann Ihnen nicht helfen, bei uns gibt es keine Jenischen. Es gibt nur Einwohner. Da finden Sie Leute, die campieren, aber keine Einheimischen.« Er schickt mich weit weg, in ein »Museum Jenisch in Vevey« und in ein »Gymnasium Jenisch in Süddeutschland«.

Plötzlich entschlüpft ihm der Satz: »Vielleicht bin ich einer.« Er rudert sogleich wieder zurück: »Das ist Geschichte.« – »Wenn es Geschichte ist, hat es dann mal welche gegeben?« – »Nein, nicht von hier.« Er steuert ein weiteres Mal um: »Vielleicht einen oder zwei.« Abgesehen davon erzählt der Regionalpolitiker viel Interessantes, etwa dass sich der Siedlungsschwerpunkt tourismusbedingt von den Dörfern auf die höher gelegenen *Maiensässen* verlagert hat. Gut gekleidet und stark parfümiert, lässt er sich dennoch nicht ablichten. Er rät uns, die Landschaften zu fotografieren. Das tun wir dann auch. Meine Frau fotografiert Berge. Schöne Berge.

Seit dieser Begegnung nähere ich mich den Jenischen der Albula lieber über Kunst und Kultur. Nicht über Giovanni Segantini, den Lieblingsmaler des österreichischen Kaisers Franz Joseph und des Schweizer Rechtspopulisten Christoph Blocher. Segantini hat 1886–1894 im Hauptort Savognin gelebt, also wenige Jahre, nachdem Savognin jenische Familien eingebürgert hatte, gemäß dem »Gesetz zur Bekämpfung der Heimatlosigkeit«. Segantinis Gemälde »Pflügen mit Piz Toissa und Piz Curvér im Hintergrund« in allen Ehren, ich strebe den zahlreichen *Brockis* an den Flüssen Albula und Julia zu. *Brocki,* so wird hier ein Antiquitätenhändler genannt.

Es ist das ein Tasten nach Spuren, nach Zeichen, nach kulturellen Signalen. Ich merke bei ihrem Symbol der Triangel auf, bei Namen wie Moser oder Kollegger oder kreativem Gerümpel in einem Hof. Das Jenische lässt sich nur schwer bestimmen. Die jenische Geheimsprache wurde erstmals 1714 erwähnt, als »eine gewisse Redens-Arth betrügerischer Wiener Kellner« untereinander. Um Jenische irgendwie zu fassen, achte ich auf bewegliche Berufe und Lebensstile, auf opulenten Schmuck und Zierrat, auf eine auch familiäre Nähe zu Roma und Sinti.

Bei Weitem nicht alle Jenische sind »Fahrende«, und bei Weitem nicht alle Wohnwagenbewohner sind Jenische. Unterhalb des Julierpasses wohnt ein Bündner mit zwei dünnen gelben Hunden in einem geerdeten Wohnwagen. Er hat fünfzig Schafe und drei Esel und arbeitet im Winter auf Skipisten. Er weiß zu schätzen, dass die Gasflasche in Italien vierundzwanzig Franken kostet statt achtunddreißig in der Schweiz, immerhin verbraucht er im Winter alle drei bis vier Tage eine. Jenisch nennt er sich nicht. Ansonsten Touristen auf dem Stellplatz, das Wohnmobil eines gediegenen Seniors aus Wales. Er sieht wie der Weihnachtsmann aus und sagt, dass er mit zwei »Australian friends« reist. Ich mache Augen, als sich im Inneren seines Wohnmobils eine blutjunge Frau streckt, halb nackt.

In einem »Museum local« finde ich das Buch einer Älplerin. Sie stammt aus Lain, das neben Muldain und Zorten als jenische Hochburg gilt, und musste mit sechzig erst so richtig schreiben lernen. »Das hat eine Zigeunerin geschrieben«, sagt die Verkäuferin. Ich darauf: »Eine Jenische?« – »Ja, Entschuldigung.« Das Buch heißt »Fini schreibt ihr Leben«, die Autorin erwähnt aber kein einziges Mal eine jenische Identität. Nur auf Seite achtzehn ein codierter Satz: »Aber weil wir Moser heißen, erlaubte uns die Gemeinde Fürstenau nicht, dort zu wohnen. Fünf Jahre lebten wir außerhalb des Dorfes im Wohnwagen.«

Ich fahre nach Zorten, aus der abfallenden Kurve der Ortseinfahrt sehe ich in ein großes Fenster in einem ersten Stock hinein, in dem ein Chor brustmächtig singt. In Zorten läuft mir ein bekennender Jenischer über den Weg. Weißer Bart, schmuddeliges T-Shirt, Blitzen in den Augen. Er war ein fahrender Eisenhändler, wegen Standplatzproblemen hat er damit aufgehört. Sieben Familien in Lain seien Mosers, »sie sind als Handelsleute aus Ungarn gekommen, als Pfannenflicker, Korbmacher. Ich habe das genealogisch überprüfen lassen, viele Mosers sind aus Südtirol gekommen.« Die jenische Sprache, die laut Fachliteratur Elemente von Rotwelsch, Romanes und Jiddisch enthält, wähnt er »im Lateinischen« verwurzelt. Dass sich viele Jenische verleugnen, kann er gut verstehen: »Man hat ihnen viel angetan. Die Kinder weggenommen, und in Bern hat man sie noch vor zwei Jahren wie Juden abgeführt.«

»Eine Herde weißer Schafe ist mein Königreich«, dröhnt es aus meinem Autoradio. Da ist die Kirche von Surava, die von außen viel größer aussieht als sie ist – diese Katholiken haben mit optischen Tricks gearbeitet. Da ist auch das stille Schwefelbad von Alvaneu, in dem mich mit der Zeit das Fehlen jeglichen Schwefelgestanks befremdet – sie filtern zwar nicht den Schwefel, aber alles Stinkende heraus. Nur in der Eingangshalle kann man sich aus einem historisierenden Eisenhahn Schwefelwasser herunterlassen.

In Alvaneu, tief in der Senke der Albula gelegen, komme ich in einem kasernenartigen Hotel-Restaurant mit grünen Eisenspinden unter, die klein gewachsenen portugiesischen Wirtsleute sind herrlich großmäulig und haben Suppen zum unfassbar günstigen Preis von sechs Franken im Angebot. Bei einem Glas portugiesischen Weines lese ich die Lokalzeitung *novitats:* »Die Leseholzfreigabe dauert bis zum 31. Oktober. Als Leseholz gilt stehend-dürres oder liegendes Holz, mit weniger als sechzehn Zentimeter Brusthöhendurchmesser sowie Äste, Rinde, Schlagabfälle und lose Stöcke.« Cool, da kriegt man Lust aufs Leseholzlesen!

Das Beste ist aber meine Fahrt von *Brocki* zu *Brocki*. Manche sind Jenische, viele sind weggestorben, die meisten Händler deklarieren sich nicht als jenisch. Alle Läden führen aber Antiquitäten, die sie von Jenischen gekauft haben. Mancher hat sein ganzes Sortiment von jenischen Zwischenhändlern, mancher nur einen Teil. Jenische sind stark im Zwischenhandel, auch weil sie regelmäßig die Hinterlassenschaften Verstorbener entrümpeln. Das Schauen auf die ausgestellten Kostbarkeiten wird so zu einer Einführung in die Ästhetik der Jenischen. Und nebenbei zu einem Crashkurs in katholischer Kunst: Die katholische Gegenreformation, an der Albula und im Oberhalbstein von den Kapuzinern durchgesetzt, schreit aus der Ware nur so heraus.

Über jenisches Geschäftsgebaren sagen mir verschiedene Händler Folgendes: »Sie haben guten Geschmack, die kommen draus.« »Es ist leicht, mit ihnen zu handeln. Sie müssen verkaufen, Umsatz machen, Hauptsache weg.« »Es sind nette Leute. Sind nur nicht alle so ehrlich.« »Sie haben den absoluten Riecher.« »Wenn ich es brauche, dann bin ich als Jenischer zu allem bereit, ich verkaufe alles. Aber zitieren Sie das nicht!«

Ich sehe bei den *Brockis* nicht allzu viele Bücher, diese sind dafür wunderschön. Eine alte Bibel auf Romanisch, in Deutschland gedruckt. Des Weiteren Holzmöbel, Kerzenleuchter, riesige Käfer, grob geschnitzte Kühe, eiserne Teekessel, einen langen, wellenförmigen Diwan, ledervergürtete Holzskier aus der Pionierzeit. Das ist aber noch nichts Besonderes.

Ich staune über eine gerahmte Zeichnung, auf der eine Frau mit Hunden und Fangeisen auf die Jagd geht. Ich lächle angesichts einer Heiligen Familie, in der Jesus als Lehrling zimmert, mit Heiligenschein. Ich spotte über das Bild eines frühstückend die Zeitung lesenden Herrn, zu dessen Füßen eine barfüßige junge Frau den Boden schrubbt. Ich erschaudere vor einem dunkelbärtigen, ernst und finster in einem kargen Land stehenden Nationalheiligen Nikolaus von der Flüe. Ich wundere mich, warum man das misslungene Foto eines Holzhauses in Solis in Gold gerahmt hat, bilden die Blumen am Balkon und der Holzstoß unter dem Balkon doch eine einzige grellbunte Sauce.

Lange stehe ich vor einem deckenhohen Gemälde. Es zeigt den Fidelis von Sigmaringen, einen heiligen Kapuziner, der im Winter durchs protestantische Prättigau zog, mit den Reformierten dort disputierte und in Seewis gemeuchelt wurde. Der gemalte Fidelis steht aufrecht, eine Stichwunde in der Seite, fliegende Engel über ihm. Dazu das Paulus-Wort: Unus deus, una fides, unum baptisma. »Den hätte fast schon einer für zehntausend Franken gekauft«, sagt der Händler, »wie immer war die Frau nicht einig.« Ich lerne, dass die vielen religiösen Gegenstände, barocke Kreuze etwa oder eine gotische Muttergottes mit totem Christus, schwer zu verkaufen sind.

Im letzten Antiquariat meiner Reise sitzen zwei vor der Tür und rauchen in der herausgekommenen Sonne. Auch im Laden drinnen ein bronzener Kerzenständer mit brennender Kerze, weiße Stummel selbstgedrehter Zigaretten in der integrierten Schale. In diesem *Brocki* brennt immer eine Kerze. Der junge Händler sagt: »Bei den Jenischen brennen immer Kerzen, auch in den Alphütten immer. Wer macht das sonst noch?«

Er wirft den Bündnern vor, sie seien wie vor fünfhundert Jahren: »Für die bist du der Zigeuner, fertig.« Er sei »in einem Wohnwagen geboren, unter der Autobahn in Rodels, bei minus vierundzwanzig Grad.« Um die Frühgeburt durchzubringen, habe sein Vater beim Pfarrer gebettelt, »der hat ihm ein Gasfläschli gegeben.« Er spricht von »Verdingkindern«, von Kesselflickern und Messerschleifern in der Familie. Er habe drei Schulen, sagt er, »ich stehe niemandem zurück, habe meine Maturaarbeit über Jenische in der Schweiz geschrieben. Mir kann niemand vorwerfen, ich sei minderbemittelt.«

Er hat ein seltsames Objekt im Angebot: in einem massiven Holzrahmen eine Marienpforte auf Glas, tief hinter dem Glas ein vergoldetes Kruzifix mit goldenen Engeln. »Ein Geschenk zur Mitgift aus Bergün«, erklärt der Händler. Meine Frau sieht diese Mitgift unentwegt an, und dies am Tag vor unserem Hochzeitstag. Ich muss es kaufen.

Bevor ich das schwere Stück nach Hause bringe, begegnen mir die Antikliebhaber aus den *Brockis* alle noch einmal. Mir scheint, zwischen Alvaneu, Tiefencastel und Mulegns ziehen sie andauernd ihre Runden zueinander: Ein braun gebrannter weißhaariger Giorgio Armani. Ein »mit Energien heilender« Stammgast der im Graben hockenden portugiesischen Wirtsleute. Und ein rothäutiger Winnetou, der eine gewaltige schwarze Plymouth-Limousine mit fast brusthoher Schnauze kutschiert. Vielleicht sind sie alle keine Jenischen. Es gibt gewiss nicht viele, aber sie fügen der Schweiz, Graubünden und der Gegend am weißen Wasser einen besonders kostbaren Farbton hinzu.

Bei der Bündner Arbeiterbewegung

Lachen für den Weltfrieden, klassenbewusstes Hotelproletariat und das Regiment des Politoligarchen Blocher: Im hochalpinen Industrierevier Imboden

Ich bin wohl ziemlich naiv. Ich sage mir: Die Bündner Region Imboden ist ein Industrierevier am unmöglichsten Ort, da will ich doch zur Abwechslung über die Bündner Arbeiterschaft schreiben. Besonders fasziniert mich die EMS-CHEMIE. Der Schweizer Oberländer Christoph Blocher hat sie mit seinem unternehmerischen Genie in eine Geldmaschine verwandelt, gleichzeitig hat er mit seinem immer auch wirtschaftsliberalen Nationalpopulismus Schweizer Geschichte geschrieben. Daher frage ich mich: Die Oligarchie der Blochers und das Proletariat, wie geht das zusammen?

Ich stoße auf eine Mauer des Schweigens. Zum Einstieg würde ich gerne die EMS-Ausstellung im Werk sehen. Sekundarschüler aus dem Bergell haben sie als zwanzigtausendste Besucher gesehen, mich lässt EMS nicht ein, »aus zeitlichen Gründen«.

Auch an die Betriebskommission – so wird der Betriebsrat hier genannt – ist kein Herankommen. Die Domater Sozialdemokratie freut sich zwar, »dann Ihre Reportage zu lesen«, verweist mich aber weiter. SYNA, die christliche Vertragsgewerkschaft der Fabrik, lässt mich eine Woche warten und teilt auf meine ungeduldige Nachfrage mit: »Wir geben keine weiteren Auskünfte.« Die SYNA-Zentrale schreibt mir: »Ich kann Ihnen mitteilen, dass SYNA und EMS eine konstruktive Sozialpartnerschaft auf Augenhöhe pflegen.« Persönlich treffen will mich niemand.

Ein ehemaliger Funktionär einer anderen Gewerkschaft, den ich nur am Telefon kennenlerne, quält mich geradezu mit seinen Ängsten. Er genießt a) längst die sichere Pension, hat b) nie in der EMS-CHEMIE gearbeitet, hat c) das EMS-Dossier nur bis 2004 betreut, hat d) 1992 nicht bei der Verteilung von Anti-Blocher-Flugblättern mitgemacht und e) immer vertrauensvoll mit der EMS-Führung zusammengearbeitet. Und doch zögert er eine Ewigkeit, ob er mit mir reden soll und ob er seinen Namen preisgeben will.

Der Casus Belli liegt ein Vierteljahrhundert zurück: Als der SVP-Politiker Blocher 1992 gegen den EWR-Beitritt der Schweiz stritt, griff ihn der SP-Politiker Peter Bodenmann als Unternehmer an. Bodenmann verglich Löhne, Ferien und Zuschläge der EMS-CHEMIE mit einem Chemiewerk im Walliser Monthey und stellte Blocher als Lohndrücker hin. Zusammen mit Gewerkschaftern verteilte er Flugblätter auf den Gleisen vor den Werkstoren. Blocher warf daraufhin die Gewerkschaft GBI hinaus. Die Zivilkammer des Kantonsgerichts erklärte dies 1996 für rechtens: »Mit einem solchen Partner zusammenzuarbeiten, kann aber keinem Arbeitgeber zugemutet werden.« Ich lerne, dass sich der Chef die Gewerkschaft aussuchen kann.

Ich pfeife auf die Arbeiterführer, ohnehin ist der gewerkschaftliche Organisationsgrad bei EMS immer niedrig gewesen. Ich spaziere durch ein Arbeiterviertel in Domat / Ems. Ich treffe eine multikulturelle Gang kleiner Jungs, auf meine Aufforderung beginnen sie sich sofort für die Kamera zu kloppen.

Die Wohnblöcke haben alle etwas Fahles. Ausgebleichte weiße Panele, Alufenster in einem freudlosen Gelb oder einem fahlen Rot. Ein schiefes Fußballtor in der Wiese. Zwischen den Wohnblöcken ein nüchterner Spielplatz, hauptsächlich aus kurzen Betonrohren bestehend. Zwei Mütter mit Kindern, sie sprechen eine Sprache vom Balkan. Ich quatsche mit ihnen in dieser Sprache, aber auch so sind sie vorsichtig; sie lassen sich nur von ferne und von hinten fotografieren.

Ich habe Kopien der »Jahresziele«, die jedes Jahr an die EMS-Mitarbeiter ausgeteilt werden. Als Arbeiterkind vermag ich mir nicht vorzustellen, was einem Arbeiter beim Blick auf diese A4-Zettel durch den Kopf gehen mag. 1999: »Was zählt, ist die vollständige Erfüllung des Auftrages.« 2007: »Wir fördern Ergebnisträger und schneiden Verlustbringer ab.« 2009: »Jeder Mitarbeiter ist ein EMSer und konzentriert sich auf das, was Ergebnis bringt.« Seit Blochers Tochter Magdalena Martullo-Blocher die Chefin ist, liest man öfter vom »Erzwingen des Erfolgs«.

Ich gehe in die traditionellen Arbeiterkneipen, in die »Veltlinerhalle« und ins »Rhätische Bähnli«. In Letzterem werden keine Speisen mehr gereicht, weil die Wirtin in ihrer Wohnung über dem Lokal gekocht hat, was ein Bundesgesetz mittlerweile verbietet.

Ich treffe auf einen langjährigen EMS-Arbeiter mit festem Schritt und breitkrempigem Lederhut. Er beginnt zu prahlen, aus welch hartem Holz die Bündner geschnitzt seien. Er illustriert dies mit einer Anekdote aus seinem Familienleben: Als der Vertreter einer Sekte zu lange auf seiner Türschwelle stand, erzählt er, »habe ich einen Baseballschläger genommen und ihm beide Kniescheiben zertrümmert.« – »Bist du in der Firma auch so? – »Da passe ich mich an.« – »Den Blochers würdest du nicht die Kniescheiben zertrümmern, oder?« – »Ich bin grundsätzlich kein aggressiver Mensch«, entgegnet er, »und damit ist die Diskussion beendet.« Er geht für eine Weile weg. Als er wiederkommt, ist er unfreundlich zu mir. Ich bestelle die Rechnung auf Romanisch, der halbe Romane keift mich an: »Tu nicht so schwuchtelig!«

Die Domater Omertà verwundert mich. Ich habe Reportagen in ganz Europa recherchiert, beim russischen Staatskonzern Gazprom bin ich leichter ins Gespräch gekommen. Insgesamt werde ich nur zwei Personen finden, die mit mir reden. Beide sind Nichtbündner, nicht mehr für EMS tätig und beide sind alt.

Schöner ist es, in Domat/Ems auf die ausgestochen in der Rheinebene liegenden Hügel zu wandern, die man Tuma nennt. Man stelle sich den Flimser Bergsturz vor und den Aufprall, mit dem diese zwölf fliegenden Hügelpakete am Rhein niedergingen!

An der Tuma da Zislis wird an das Massengrab von 1799 erinnert – leider auf dem Betriebsgelände von EMS. Die Schlacht von 1799 war den Historikern bekannt, die ersten Knochen der verscharrten Opfer schoben sich aber erst 2007 an die Oberfläche. Die Toten waren in einem Kalkbrennofen verscharrt worden. Eine Chronik beschreibt, wie die französischen Soldaten 1799 vor der Kampfwut der Bündner erbleichten: »Die Art und Weise, wie diese Kreuzzüger – worunter sogar Knaben von zwölf bis vierzehn Jahren – in den Tod gingen, ist unglaublich.« Diese Kreuzzüger dürften Katholiken aus der Surselva gewesen sein. Derselbe Menschenschlag, der später in Scharen bei EMS angeheuert hat.

Ich wandere auf die Tuma Casti hinauf. Auf alten Fotos ist sie kahl, nun trägt sie ein Weingärtlein und ein Wäldchen, oben empfängt mich ein weißes Kirchlein. Tschelli, die höchste Tuma, liegt ganz nahe. Von hier sieht man, wie die Tumas Casti und Tschelli eine Pforte zwischen dem alten und dem neuen Domat bilden. Hinter dem neuen Domat ein grüner Golfplatz. Gleich dahinter die Fabrikshallen des Chemiewerks EMS.

Ich lese das offizielle EMS-Buch, »Erfolg als Auftrag«. Autor Karl Lüönd beschreibt, wie die Fabrik ab 1942 mehrere »extreme Häutungen überlebt« hat. Zunächst die Herstellung von Ethanol aus Holzabfällen, die während des Zweiten Weltkriegs bis zu siebenundzwanzig Prozent des schweizerischen Treibstoffbedarfs gedeckt hat. Dann Faserrohstoffe, Dünger, Wehrtechnik, Textilfasern, Anlagenbau, schlagzähe Kunststoffe, Pulverlackhärter, Airbag-Anzünder …

Aufregend die Geschichte, wie der mittellose Pastorensohn Christoph Blocher, einst Nachhilfelehrer der Kinder des Firmengründers Werner Oswald, 1969 als Teilzeitkraft in die Rechtsabteilung eingetreten, die Firma 1983 gekauft hat. Die kriselnde EMS-CHEMIE hatte einen Börsenwert von hundertfünfundzwanzig Millionen Franken, plus Kraftwerke im Wert von dreihundert Millionen, plus riesige Liegenschaften; Blocher bekam sie für zwanzig Millionen.

Dass sich die kreditgebende Bank SBG für Blocher und für den Erhalt der Arbeitsplätze entschied, wird in Lüönds Buch auch mit einer »Angst vor Arbeiterunruhen« erklärt. Als achtundfünfzig Prozent der Stimmrechte ihm gehörten, trat Blocher in Militärschuhen vor das Personal: »Geht *chrampfen,* damit ich meine Schuldzinsen bezahlen kann.« Diese waren schnell bezahlt. 1997 betrug der Umsatz eine Milliarde Franken, der Gewinn dreihundert Millionen. Heute hat das Unternehmen einen Börsenwert von 15,8 Milliarden.

Mitarbeiter erinnern sich in Lüönds Buch an die »Gewohnheit des Chefs, Untergebene vor Dritten abzukanzeln«. »Ich spürte die enge Führung und eine gewisse Aggressivität, die sich in einem sehr direkten, unverblümten Sprachstil äußerte.« »Blochers Führungslehre stellt nicht den Menschen in den Vordergrund, sondern die Sache, ausgedrückt im Auftrag und in messbaren Resultaten.« »Man muss einen Antrag stellen mit dem genauen militärischen Aufbau: Auftrag, Weg, Varianten, Konsequenz, Kostenfolge.« Gleichzeitig mit dem Verkünden von Rekordergebnissen pflegte Blocher Rationalisierungen anzukündigen. Seine Tochter Magdalena Martullo, Papas Nachfolgerin in der Firma und auch im Schweizer Parlament, erklärt die Firmenkultur so: »Wer sich, wie er und ich, derart fürs Unternehmen verschulden musste, lernt rechnen.«

Ich besuche einen pensionierten Angestellten. Zum Eigentümerwechsel von 1983, den Blochers Gegner als »unseriös« anprangern, sagt er: »Man sollte einen Strich ziehen und sagen, der Zweck heiligt die Mittel. Der Blocher ist heiligzusprechen.« Ermutigt von der Firma, war der Angestellte für Blochers Partei SVP aktiv, doch gerade Blochers Politikstil lobt er nicht. Die seien gegen alles, sogar gegen die Sommerzeit.

Die Firma lädt ihre Rentner jährlich zu einem »feudalen Essen« ein, er geht aber nicht mehr hin. »Warum?« – »Wegen einer Weisung, dass Pensionierte sich beim Pförtner anmelden müssen und nicht mehr rumlaufen dürfen. Das habe ich nicht ertragen.« Die Zahmheit der Domater Arbeiter erklärt er nüchtern: »Viele Leute haben hier einen Arbeitsplatz, den sie sonst nicht hätten. Sie müssten sonst auswandern. Das wissen sie.«

Mein zweiter Ex-EMSer ist ein Linker. Solange die Amerikaner im Irak sind, zieht er die PACE-Fahne vor seinem Haus nicht ein. Er ist für Tempo dreißig und gegen Atomkraft. Er war Betriebsarzt im Werk, war aber nie abhängig von EMS.

»Es gibt keine Arbeiterbewegung im Kanton Graubünden«, legt er los. Viele Arbeiter seien Kleinaktionäre und der Kurs sei hoch. Als EMS die Arbeitszeit ohne Lohnkompensation von zweiundvierzig auf dreiundvierzig Stunden erhöht hat, habe SYNA »den Maulkorb akzeptiert. Jeder Arbeiter musste unterschreiben. Wer nicht verspricht, das Maul zu halten, der muss jetzt gehen. Das ist Betriebsdemokratie!« Persönlich hat er Blocher als »sofort angriffig« und »sehr narzisstisch« kennengelernt, aber auch als Arbeitgeber, der »manchmal große Gesten gemacht hat, wenns gut gelaufen ist« – Bonuszahlungen. »Die Tochter hat das noch kleinere Herz. Sie macht das nicht.«

Ich ziehe eine Runde. In Bonaduz den zweiten Industriegiganten des Kantons schauen, den Hersteller von Medizinaltechnik Hamilton. Helle, offene, saubere Blöcke zwischen grünem Rasen. Gebäck im Backshop an der aserbaidschanischen

Automatentankstelle SOCAR kaufen und mit Blick auf Kühe, Pferde, Löwenzahn picknicken. Sich über die Rheinschlucht beugen. Am türkisen Caumasee, auch er eine Folge des Flimser Bergsturzes, ein Gefühl von Karibik schnuppern.

Als ich im touristischen Hotspot Flims übernachte, treffe ich unverhofft klassenbewusstes Proletariat. Das Hotel beherbergt Gruppen betagter Deutscher, die mit Bussen nach St. Moritz gefahren werden. Die deutschen Hotelangestellten sind ziemlich links. Wenn die Touristen ankommen, tragen sie ihnen die Koffer auf die Zimmer hinauf. Sobald die Alten aber draußen sind, dreht das Zimmermädchen Antifa-Kreisch-Punk auf: »Das ist Inzucht / das ist Rechtsruck! / Beschissenes faschistisches Verbrecherschwein!« Sie putzt dabei. Von Schweizer Gewerkschaften erwartet sie nichts, sie ist Mitglied in einer deutschen. Hätte sie in der Schweiz ein Problem, ginge sie direkt ans Arbeitsgericht.

Abgesehen davon wird man alt, wenn man im Bündner Industrierevier Imboden eine Arbeiterbewegung sucht. Man sollte besser zum Lachen kommen. Auf der Welt gibt es sechstausend Lachklubs, ausgerechnet in Domat praktiziert eine Lachtrainerin von überwältigender Ansteckungskraft. Früher war sie Telefonistin bei der Swisscom. Über die Firmen der Region, für die sie Lachkurse macht, plaudert sie natürlich nichts aus. Einem Klienten, der dauernd über seinen Arbeitgeber jammert, hat die herzliche Blondine gesagt: »Entweder du gehst oder du bleibst. Wir sind alle in der Eigenverantwortung für unsere Gesundheit.«

So gehe ich also zum Lachyoga auf die Emser Schafweide mit. Die Trainerin erklärt: »Lachen ist Friede, Friede mit mir selber. Man erlaubt sich keine Fehler. Es ist aber ganz wichtig, sich selber gern zu haben.« Es folgen anderthalb Stunden auf einer Lichtung, in denen wir uns vor Lachen biegen. Wir holen in vier Schritten »das Kind in uns hervor«, »wir lachen für mehr Weltfrieden und Menschlichkeit.« Selten so gelacht, gegen Ende tut es richtig weh.

In der Herrschaft

König der Rotweine, demokratische Adelige, geselliges Trinken: In den Weinbergen der Bündner Herrschaft

Man würde nicht vermuten, dass ein altdemokratischer Hochgebirgskanton nicht nur über Adelsgeschlechter, sondern auch über Weinbau verfügt. Für das eine Wunder haben die etwa vierzig Patrizierfamilien der Bündner Oligarchie gesorgt, die auf dem Dach Europas über Jahrhunderte regierten. Viele von ihnen ließen sich in den Adelsstand versetzen, in Ermangelung eines Bündner Monarchen vom französischen oder vom österreichischen Hof.

Das andere Wunder besorgt ein Geröllschuttkegel, den das Falknis-Massiv vor Nordwind und Nebel schützt und den die krumme Nase des Fläscherbergs wie eine Mondsichel umfängt. Wasserdurchlässiger Schiefersand, und vom südlichen Chur her kocht der Föhn herauf. Zwar nimmt das Weingebiet keine vierhundert Hektar ein, in den Export geht wenig und das meiste wird direkt in Graubünden oder in der Deutschschweiz getrunken.

Dennoch formen die paar Rebbaugemeinden der Bündner Herrschaft mit ihren vielen kleinen Weingütern ein romantisches Kleinod. Ich wohne selbst in einem der schönsten Weindörfer des österreichischen Burgenlands, spaziere mit Hochgenuss durch die Weinberge, labe mich nimmermüde an den hiesigen Tropfen, muss aber unumwunden zugeben, dass die Dörfer in der Herrschaft schöner sind: Sie sind älter, steinerner, erhaltener, pflasterverträumter, heckenversponnener, rebenumrankter.

Auf drei Vierteln der Rebfläche wird der »König der Rotweine« angebaut, der Pinot noir, auch Blauburgunder genannt. Schloss Salenegg behauptet auf seinen Etiketten gar, das älteste Weingut Europas zu sein. Dafür will ich die Beweise sehen.

Nicht beweisbar ist manche Legende, die die Adelsgeschlechter um sich verbreiten lassen. Die Familie Planta etwa will von Etruskern aus Rom abstammen, unter dem römischen Kaiser Vespasian soll ein Julius Planta Statthalter von Syrien gewesen sein. Auf meinen Bündner Streifzügen begab es sich einmal, dass ich eine Flasche Roten mit einem Bündner Edelmann trank. Aus welchem Geschlecht, verrate ich nicht. Er war pensioniert, kinderlos, elegant, verbrachte die Winter in Südostasien. Er hat erzählt, dass er in jungen Jahren mal in einer Schweizer Klapse Quartier genommen habe. Er war voll des Lobes, »vier Sterne und im Prinzip freie Essenszeiten, freier Ausgang und überhaupt ein freies Leben«.

Die Herrschaft kam zu ihrem Namen, als sie 1509 an den Zehngerichtebund verkauft wurde. Ich komme, weil ich mich für den Wein und für den Adel und besonders für die adeligen Weinbauern interessiere, für die Herrschaft über die Herrschaft.

Ich beginne mit Familie Tscharner. In einem malerischen Weinberg unter Jenins erwartet mich Gian-Battista von Tscharner, der auch Fotograf und Schauspieler ist, mit seinem Sohn Johann-Baptist von Tscharner, der auch in Geräteturnen und Eishockey aktiv ist. Wie alle Jahre liest der Vater selbst störende Steine im Weingarten auf. Aus ökologischen Gründen lässt er Schlangennester bestehen, auch spannt er keine Netze auf, in denen Igel hängen bleiben würden. Als ich aus meinem Wagen steige, schlage ich mir den Kopf an der tief hängenden Regenrinne ihrer graubraunen Winzerhütte an. Der Sohn scherzt: »Beschädigen Sie meine Hütte nicht!«

Zwar wird bei den Tscharner seit sechshundert Jahren jeder Erstgeborene auf Johann-Baptist getauft, Gian-Battista ist bloß die rätoromanische Schreibweise, doch berichtigt Gian-Battista von Tscharner meine Vorstellung, dass sich der Landadel traditionell Weingüter hielte: »Ich habe das aufgebaut. Ich weiß nicht, ob die Tscharner in der Herrschaft Wein hatten. Mein Vater hatte ein Hektar in Chur.« Selber hat er noch Weingärten in Maienfeld, in Felsberg, und das liebliche Weingärtlein auf der Domater Tuma Casté ist auch seins. Geht es also nicht um das feudale Wiedererlangen der Herrschaft über die Herrschaft? »Nein«, antwortet er entschieden, »der Land hatte, hat Wein angebaut. Der kein Land hatte, hat ihn getrunken.«

Die Tscharner wurden im 17. Jahrhundert von

Frankreich geadelt. Ich frage: »Was haben die Tscharner für Frankreich getan?« – Er scherzt mit ernster Miene: »Sie werden irgendwas Korruptes getan haben.« – »Darf ich das zitieren?« – »Das kann man umschreiben.«

In der »Rose von Disentis« beschrieb Heinrich Zschokke die antiösterreichische Partei, die »nicht ermüdete, die kleinsten wie die größten Staatssünden, Verfassungsverletzungen und Bestechungskünste der Oligarchie aufzuspüren und zu enthüllen. Sie setzte dem aristokratischen Stolze derselben starrsinnigen demokratischen Trotz entgegen …« Als Beispiele für solche adeligen Demokraten nannte Zschokke die Planta, Bavier und Tscharner. Hier hakt der Winzer Tscharner ein: Sein »Urur-ur-Großvater« war jener Johann Baptista von Tscharner, der als Bürgermeister von Chur und als Standespräsident an der Spitze des Aufstands gegen Ulysses von Salis stand. Von wegen Oligarchie, die Tscharner gehörten nicht zu den Großgrundbesitzern, und »Reichenau ist die Geburtsstunde des Bündner Freisinns«. Heute sagt Gian-Battista von Tscharner über seine Familie: »Das ist keine Dynastie. Die Kinder sind in ein öffentliches Gymnasium gegangen und können weder reiten noch fechten.«

Wir fahren ins Schloss Reichenau, das die Familie seit 1975 bewohnt. Unterhalb des renovierungsbedürftigen Schlosses vereinigen sich der Vorderrhein und der Hinterrhein zum Rhein, der Schlossherr sieht auf die Flüsse runter. Er sagt, es ist extrem selten, dass sie die gleiche Farbe haben. Der Vorderrhein spielt alle Farben, von Schwarz bis Braun bis Grün. Wenn es an der Nolla regnet, dann ist der Hinterrhein vom Schiefer ganz schwarz. Wenn es an der Albula regnet, wird er weiß.

Er zeigt mir ein weltweit einzigartiges Chemielaboratorium, eingerichtet 1852 von Adolf von Planta, und die Spuren, die ein Französischlehrer im Haus hinterließ, der spätere französische Bürgerkönig Louis Philippe. Den Weinkeller zeigt er mir leider nicht.

Wir reden über seinen Wein. Er verkauft nur alte Weine, so ist im Jahre 2017 der Jahrgang 2013 sein jüngster Wein. Er lobt den Blauburgunder: »Es gibt keinen Rotwein, der eine so breite Facette hat.« Dass die Herrschaft oft das »Burgund der Schweiz« genannt wird, gefällt ihm nicht: »Graubünden ist bekannt für seine Selbständigkeit, warum sollten wir uns unter französisch-burgundisches Joch stellen?«

Tscharner war es, der die verschollene Großklevener Rebe Mariafeld, die 1942 wiedergefunden wurde, angepflanzt hat – »alleine, gegen alle Prognosen«. Es war dies eine größere Beere mit dickeren Häuten, die aber zu viel trug. Tscharner spricht von Mariafeld wie von einer Beziehung: »Es gab eine Möglichkeit – viel zu lange schneiden. Dann leidet sie. Ich hab sie zwei bis drei Jahre leiden lassen. Dann hat sie gesehen, dass das so nicht geht. Dann hat sie sich selbst reduziert.«

Ich gehe in die Lokale der Herrschaft, in denen

man auch die Weinbauern der Herrschaft antreffen kann: der »Ochse« in Malans, »Zur Bündte« in Jenins, das »Falknis« oder die »Alpenrose« in Maienfeld. In trinke einen Blauburgunder nach dem anderen, in der Bar des Maienfelder »Hirschen« haben sie gleich drei zur Auswahl. Mit dem Mariafeld gebe ich Tscharner recht – ein stark strukturierter, aber elegant bleibender Pinot.

Ich verfolge die Debatten der Winzer. Streiten höre ich keinen, das soll erst ab dem fünften Glas Rotwein vorkommen. Ein Thema sind Frostkerzen gegen den zuletzt häufig auftretenden Spätfrost im Frühling. Einer hält nichts von ihnen und behauptet, er habe »mehr grüne als braune Triebe gezählt« als die Kollegen mit Frostkerzen – braun sind die abgestorbenen Triebe. Ein anderer meint, das größere Problem sei neuerdings die Wärme im Januar und Februar: »Man müsste eher kühlen.« Das Wetter habe in den letzten zwei Jahren gedreht, »auch hier hat es jetzt Nebel«.

Im Maienfelder Städtli besuche ich das fünfhundertjährige Weingut »Pola«. Das Patrizierhaus, dessen Kellermauern auf vor 1500 zurückgehen, wird seit Mitte des 19. Jahrhunderts von Familie Sprecher bewohnt. Sein Besitzer Andreas von Sprecher arbeitet auch als Anwalt. Er sagt, vom Wein könnte er seine Familie nicht ernähren. Er rechnet mir vor: Von der Wertschöpfung einer Flasche gehen drei bis vier Franken an den Winzer, dreißig bis vierzig an das Restaurant, das sie verkauft. Drei Hektar können eine Familie ernähren, seine sechseinhalb Hektar reichen daher nur für seinen Rebmeister in dritter Generation und die Familie seiner kosovarischen Mitarbeiter. Drei Wohnungen im Sprecherhaus sind vermietet.

Sprecher führt mich in seine kulturobjektgeschützte Bibliothek. Er macht sich mir zum Freund, indem er zwei *Schöppli* genannte Halbflaschen auf den Tisch stellt, seinen bevorzugten Blauburgunder und einen Malbec. »Ich war der Erste, der diese Rebe hier angebaut hat.« Der Malbec wird vor allem in Argentinien auf tausend Höhenmetern angebaut, das sei mit der Herrschaft vergleichbar. Besonders das zweite *Schöppli* hebt meine Laune. Würzige Frucht, voller Geschmack.

Im Unterschied zu Österreich, erklärt Sprecher, differenziere sich der Bündner Adel nicht. Ein Fremder würde nicht erkennen, dass er adelig sei. Sein kleiner Sohn kurvt um uns herum. Er heißt Nikolaus Andreas Theophil, Sprecher ist also etwas von der Andreas-Theophil-Tradition abgegangen.

»Gehören die Sprecher zu den vierzig Oligarchenfamilien?« – »Ja, das würde ich schon sagen. Man hat politisch und diplomatisch viel bewirkt. Mein Urgroßvater war Generalstabschef der Schweiz.« Er selbst hat den Offiziersgrad erreicht, aber nicht mehr. In der Familie habe der Freiheitsgeist der Walser gewirkt. Obgleich reformiert, setzte sich sein Urgroßvater für das finanziell klamme Kloster Disentis ein – »das wäre einem Planta nicht passiert«. Für die Adelstitel der Bündner Oligarchen hat Sprecher eine prosaische Erklärung: »Oft kam der Adel davon, dass es keinen Sold mehr gab …«

Angeheitert frage ich ihn: »Haben Sie den besten Wein?« – »Wir haben jedes Jahr einen neuen.« Endgültig gewinnt er mein Herz, als er sagt: »Die Kultur des gemeinsamen Weintrinkens funktioniert hier noch.« Sprecher geht doch tatsächlich alle zwei, drei Tage in ein Lokal, um gesellig Wein zu trinken. Das Essen lässt man dabei in Maienfeld weg.

Schließlich nebenan auf Schloss Salenegg, »das älteste Weingut Europas«. Der erste Torbogen soll aus dem Jahre 950 stammen, seit 1654 ist es Sitz der Familie von Gugelberg, die inzwischen in männlicher Linie ausgestorben ist. Ein grün und blütensatt umwuchertes Tor führt in den Weinberg hinaus.

Ich meine, mit der adeligen Besitzerin verabredet zu sein, sie ist aber zur Fortbildung fort und schickt mir Wilhelm Enz. Der Badenser Winzersohn ist seit zwei Jahren Winzer und Kellermeister auf Salenegg. Er führt einen munteren Spruch, nennt sich einen »Bauernsohn aus unterster Kaste«. Ich frage ihn, wie es sein kann, dass die Winzer der Herrschaft durch die Bank Protestanten sind. Schlagfertig erklärt er: »A) weil es gut ist, b) weil man Geld damit verdient und c) haben sie gemerkt, dass das Protestieren nichts bringt.« Laut Enz passt auch der Chardonnay in die Herrschaft, »feine filigrane Weine«. Ich frage auch ihn: »Haben Sie den besten Wein?« – »Wir haben den unseren.«

Er führt mich herum. Transporttanks aus Italien, Eichenfässer aus Ungarn. Im Keller zeigt er mir, dass von jedem Wein sechs Flaschen archiviert werden. Durch das Kellerfenster sehe und höre ich einen Pfau, der draußen herumstolziert.

Oben im Neubau, der ununterscheidbar an den Altbau angefügt ist, lande ich in einem Wolkenkuckucksnest von Degustationssaal. Vorne stehen zwei Eichenstühle mit roter Lederlehne, von denen sich ein Panorama eröffnet, wie es zwei Augen kaum fassen können: Weingärten, Hecken, Steinmauern, Winzerhütten, gewundene Straßen, eine weiße Wolkendecke auf dem Falknis. Wir rätseln, ob unser Auge auch ein Stück vom Fürstentum Liechtenstein erheischt. Fürwahr herrschaftlich, die Aussicht. »Sitzt da manchmal die Gräfin, in Folianten versunken?« – »Nein, es gibt keine Gräfin, und sie sitzt nie hier.«

Ich bitte ihn, nun die Dokumente vorzulegen, die beweisen, dass Salenegg das älteste Weingut Europas ist. Enz: »*Ham ma nüt.* Das ist aus den Annalen von Maienfeld genommen. Je älter, desto schwieriger.« – »Aha. Glauben Sie nicht, dass sich zum Beispiel in Italien ein älteres Weingut mit Kontinuität finden ließe?« – »Das kann sein. Aber solange niemand was anderes behauptet …«

Heute noch Bündner oder nimmermehr!

Schweine, Mörder, Kuhwürger und selige Fräulein: Unterengadin, Samnaun und Münstertal, anhand ihrer Dorf-Übernamen bereist

»Zigeuner«, »Hundefresser«, »Kuhwürger«: Das sind nur einige der Übernamen, die Unterengadiner Dörfern im Lauf der Geschichte angehängt worden sind. Ich beschließe, diesen merkwürdigen Übernamen im mehrheitlich reformiert-romanischen Inntal nachzugehen. Zwar hat mir ein freundlicher Senter die Texte der dazugehörigen Legenden kopiert, doch reichen meine Sursilvankenntnisse nicht aus, um das Unterengadiner Idiom Vallader zu lesen. Was folgt, ist also keine wissenschaftliche Studie. Am meisten interessiert mich, was die Einwohner der einzelnen Dörfer glauben, wie sie zu ihrem Schimpfnamen gekommen sind.

Um die gesamte Region Engiadina Bassa-Val Müstair zu umspannen, beginne ich im einzigen bairischsprachigen Tal der Schweiz. Das ist ungewohnt anheimelnd, die Samnauner verstehen meinen niederösterreichischen Dialekt. Samnaun ist ein Zollfreigebiet, ich tanke also voll, danach fahre ich zur Compatscher Kirche. Die Blasmusik spielt, viele ältere Frauen stehen hinter der Eckmauer der Kirche und hören zu. Compatsch trägt den einzigen positiven Übernamen, *ils indschignaivels*, »die Geschickten«, niemand hier hat aber davon gehört, der Brauch gehöre ins *Engadain*. Ein Gemeindepolitiker erklärt mir: »Das Tirolerische kam mit den Tirolerinnen, die eingeheiratet haben, weil Samnaun Inzucht vermeiden wollte, und mit dem Pfarrer.« Ab 1850 wurde das vorher romanische Tal eingedeutscht.

Ich brauche mehrere Anläufe ins Unterengadin, mehrere Übernachtungen auch, die Verschlossenheit der Engadiner ist legendär. Ich lasse mir erzählen, wie eine Bürgerinitiative die Nachricht über das Erreichen ihres Ziels – den Erhalt des Bahnhofs – gefeiert hat: Kein Dank, kein Rufen, kein Applaus. Manche haben genickt, der eine oder andere hat gesagt: »Das passt.«

Ich höre auch von einem neuen Trend: Seit Schweizer Staatsbürgern die Sozialhilfe überall in der Schweiz zusteht, ist eine niedrige zweistellige Zahl von Sozialhilfebeziehern aus dem Unterland ins Unterengadin gezogen. Sie sagen sich: Wohnraum ist verfügbar und günstig, die Luft ist frisch, ich trete einem Verein bei und schon bin ich integriert. Diese Sozialmigranten rechnen aber nicht mit der hiesigen Mentalität, sie brauchen nun oft sozialpädagogische Unterstützung.

Ein wenig überrascht mich, wie sehr die Abwehr gegen den Katholizismus noch verwurzelt ist. Einer sagt zu mir: »Im Südtirol fühle ich mich wie im Mittelalter.« Er erzählt amüsiert, dass in Südtirol am Martinitag ab dreizehn Uhr kein Alkohol mehr ausgeschenkt werden durfte – zur Vermeidung von Schlägereien.

Tschlin ist gleich einmal ein heikles Dorf. Nicht weil auf einem Grabstein die schöne Devise »*Amur e Lavur*« steht, sondern weil man die Tschliner *tschiainders* ruft, »Zigeuner«. Eine Eingeheiratete erinnert sich an die Legende circa so: »Ein Ehepaar stritt und trug den Konflikt schweigend aus. Wer als Erstes zu sprechen begann, musste abwaschen. Da kam ein Zigeuner, um etwas zu verkaufen. Er ging mit der Frau nach oben, es wurde ganz still oben, sie kamen ewig nicht zurück. So verlor der Ehemann die Wette. Denn er schrie hinauf: Was ist da los?« Ein Tschliner erklärt den Übernamen hingegen so: »Mein Urgroßvater war ein Zigeuner aus Rumänien und wuchs in Tschlin auf. Er wurde reformierter Pfarrer in Sent und war akzeptiert.« Außerhalb von Tschlin kursieren ganz andere Herleitungen: »Das ist ein Schmugglerdorf, in dem Zigeuner hängen geblieben sind.« »Das weiß man, dass sie eigentlich Zigeuner sind.« »Sind sie nicht etwas dunkler?« »Weil sie Zigeuner sind!«

Auf Ramosch habe ich mich gefreut. Ich habe einiges über die fanatische Treue der Ramoscher zur romanischen Sprache gelesen und über ihre stolze Ablehnung von Massentourismus. Als Hoteliers am Ortsrand einmal baten, ob man das viertelstündliche Schlagen der Kirchenglocke den Touristen zuliebe nicht zumindest bei Nacht einstellen könnte, wurde das abgewiesen.

Ich spreche eine Dame an, die an einem hohen steinernen Gartentor die Blumen pflegt. Sie ist Deutsche, lebt seit sechs Jahren in Ramosch und kennt die Legende von den »Ahlentreibern« nicht. Sie geht ihren Mann fragen. Die Ramoscher hätten Ahlen in Bäume getrieben, erklärt sie danach, damit Hexen aufsteigen konnten. Die Dame sammelt seltene Kräuter im Hochmoor Tulai, etwa die Strohblume gegen Hautprobleme. »Jetzt weiß ich, warum man immer Hexenwald sagt. Hier sagt man mir nach, dass ich die Hexe bin.« Sie findet das aber keineswegs negativ: »Man wird sehr schnell integriert.«

Die Senter sind »Esel«, und zumindest der Laden »Butia Schlerin« macht mit geschnitzten, gezeichneten und Terracotta-Eseln Werbung. Ich sehe die Villa von Peider Lansel, überragt von seiner Kirchenruine, in der der große romanische Autor – *ni Italians, ni Tudaischs,* »weder Italiener noch Deutsche« – sein Dichterturmstübchen hatte. Ein altes Trachtenpaar geht eingehängt vorbei, der Mann am Blindenstock, dabei aber einen Gugelhupf balancierend. Ein Kenner erzählt mir die Legende: »Senter sind auf Hasenjagd gegangen, haben aber irrtümlich einen Nutzesel geschossen und haben ihn notgedrungen gegessen. Dem Jäger haben sie das Hufeisen des Esels serviert.« Eine alte Dame kennt die Geschichte nur ganz vage, weil »einen die Leute hier nicht so an sich heranlassen.« Sie ist erst vor fünfzig Jahren aus dem Oberengadin zugewandert.

Im Hauptort Scuol komme ich auf keinen grünen Zweig. Ich lasse eine große Runde in der *gelateria* brüten, keiner hat die Antwort. Die Chefin sagt: »Ich bin Italienerin, also froh, dass ich kein Schwein bin.« Zwei Kartenspielerinnen scheitern an der Übersetzung des Legendentextes aus dem Vallader. Anderswo in der Talschaft höre ich diese Version: »Scuoler haben aus demselben Napf wie die Schweine gegessen.« Oder diese: »Beim Käsen bleibt Molke übrig, aus diesem Ursch haben sie gegessen.« Oder auch diese: »Das haben Tarasper geprägt, weil Scuoler auf einem Fest in Tarasp wie die Schweine gefressen haben.«

Mit seinem dunklen Felsen, seinen buckligen Gassen und seinen Graffito-Häusern ist Ardez für mich das schönste Dorf. Auch hier staune ich über den Kult um Besen, die an wuchtige Engadinerhäuser gelehnt sind. Ein Ardezer erklärt mir, wohlgemerkt auf Bündnerdeutsch, warum sie »Schafe« sind. Ich verstehe nur »Lawine« und »verschüttet« und ziehe weiter.

Bei den *stranglavachas*, den Kuhwürgern von Lavin, bin ich als Autor zu einer Lesung geladen. Ich ahne nicht, dass ein ganzer Tisch von Zuhörern in der Burn-out-Klinik arbeitet, bei den »Mördern« in Susch. Diese Art von Einrichtungen brummt, offenbar werden längst nicht nur Manager gegen Burn-out behandelt, sondern langsam auch Schichtarbeiter. Jemand kann sich die Bemerkung nicht verkneifen: »Man weiß bei denen oft nicht recht, wer die Patienten und wer die Psychiater sind.« Der Wirt verkauft Rotwein aus dem Burgenland, und beim Reden stelle ich fest, dass einige hier meine siebenhundert Kilometer entfernte Wohngegend bestens kennen, während sie nie einen Fuß in die Surselva gesetzt haben. Dabei leben doch dort ihre teuren rätoromanischen Cousins!

Es wird ein langer, wunderbarer, inspirierender Abend. Sehr schwer gewöhne ich mich an die Trinkgeschwindigkeit dieser Schweizer – sieben Stunden für zwei Flaschen Rotwein zu fünft. Ich weiß nun auch, warum die Laviner Kuhwürger heißen: Als der Winter in Lavin einmal sehr hart war, standen die letzten Büschel Weidegras auf dem Kirchturm oben. Die Laviner wollten einer Kuh Gutes tun, zogen sie an einem Seil hinauf und erwürgten sie dabei.

Vollkommen nüchtern lege ich mich mit einer Broschüre ins Hotelbett. Die Businessplan-Poesie des Hotels Linard fasziniert mich – »vom intensiv gelebten Konzept des prächtigen Bouquets praller Pfingstrosen« zum »Bild der Wiesenblumen im Milchkrug«. Sie wollen wohl sagen, dass sie sparen müssen.

Zernez ist wieder ein heikles Dorf: *ils magliachagnas,* die Hundefresser. Ein Kaffeekränzchen pensionierter Damen kennt die Legende nicht. Eine sagt: »Eine Tante und ein Onkel von mir haben immer Hundefleisch gemacht. Die waren aber nicht von hier.« Ich merke schnell, dass das Thema die

Zernezer unangenehm berührt. Unter der Bedingung, Namen und Details wegzulassen, erzählt mir ein Einheimischer: »Wir haben früher schon einen in Zernez gehabt, der hat noch Hunde gegessen. Er war zugezogen. Er hat meinen Vater immer gefragt: Ist der Hund schon alt?«

Es ist Hochsommer, es ist »Burning Mountain«, sechstausend junge Leute campieren auf einer Zernezer Wiese, um fünfzig DJs zu hören. Diese Leute sind junge, urbane, stark behaarte Wilde von häufig unklarer ethnischer Herkunft. Ich will nicht behaupten, dass sie alle zugedröhnt sind, doch sitzen ihre Köpfe seltsam ungerührt auf ihren Hälsen.

Ich fahre ins Münstertal, ins Val Müstair. Ich durchquere den einzigen Nationalpark der Schweiz, der Anblick einer koketten Gämse erquickt mich, und dann bin ich auch schon bald im Münstertal.

Dort gibt es das winzigstille Bergdorf Lü, »einen der besten Himmel von Europa«, auch hat Christoph Blocher dort sein Ferienhaus. Das Postamt ist für immer geschlossen. Die Gedenktafel verkündet: »Notiz zum ehemaligen Postbüro, 7543 CH, letzter Tag 28. Dezember 2002.«

Wie im Samnaun hat auch im Münstertal niemand, mit dem ich rede, von Übernamen im Münstertal gehört. Viele kennen aber die Legende von *Las Dialas sün alp da Munt*. Die *Dialas*, im angrenzenden Südtirol als »selige Fräulein« bekannt, liebten die Arbeit und die Sauberkeit. Sie hatten Ziegenfüße, lebten in Felsspalten der Sassa Marscha und turnten wie Gämsen herum. Sie halfen den Tschierver Bauern auf der Alp, wollten aber keinen Kontakt. Die Tschierver Frauen beneideten die *Dialas* für ihre schneeweiße Wäsche und ließen eines Tages zwei ihrer schönsten Laken in ein Heutuch verschwinden. Die Legende endet als Horror. Eine undurchdringliche Dunkelheit und Stille fiel auf das Tal. Frauen schrien vor Angst, doch man hörte ihr Schreien nicht. Die Erde bebte, Häuser fielen in Trümmer, und die *Dialas* waren für immer verschwunden.

Dafür, dass Santa Maria ein mehrheitlich protestantischer Ort ist, hat es einen blöden Namen. Ich höre von mehreren Aussprachen und Schreibweisen, mit denen die »heilige Maria« kaschiert wird, so sagen viele *Schta Maria*. Das Konfliktfeld von Kirchenglocke und Tourismus ist auch hier ein Dauerbrenner; der alte Mesner hat den Hammer der Glocke mit einem Polster bespannt, und die norwegische Nationalmannschaft hat man lieber auf der der Kirche abgelegenen Seite des Hotels »Stelvio« untergebracht.

Ein lokaler Experte erzählt mir, dass sie die Kinder aus dem katholischen Nachbarort Müstair früher als *magliamessas* beschimpft hätten, als »Messefresser«, andersrum waren sie die *Luthers*. Er findet nichts dabei, dass Santa Marias Protestanten seinerzeit das Muttergottesbild aus der Kirche rissen, es an einem Ziegenkopf befestigten und in den Rambach warfen: »Ja, wenn man Ordnung macht! Die Lutheraner haben keine Heiligen, da hat man Ordnung gemacht.« Durch die protestantische Region Unterengadin-Münstertal zieht sich eine kleine Achse katholischer Enklaven, Samnaun-Tarasp-Müstair. Der lokale Experte giftet über ihre Bewohner: »Wo es möglich ist, bescheißen sie einen. Wenn einer etwas beichten kann …«

Als ich nach Müstair komme, will ich mit meiner Frau schön zu Abend essen. Es ist Sonntagabend, die sehr alte Gastwirtschaft ist bereits leer, wir werden aber bewirtet. Alte Holzplanken, außer in unserer Ecke ist es überall finster. Der alte Wirt bedient uns, ein großer, würdevoller Mann mit scharfer Nase. Er sagt, das Arbeiten falle ihm mit sechsundsiebzig »immer leichter« und dass er im Leben acht Steinböcke geschossen habe. Im Durchschnitt alle zwölf Jahre zwei, zuerst das Weibchen, wenn es nicht trächtig ist, am Tag darauf das Männchen. Mehr zu schießen sei nicht erlaubt. Immerhin ist der Steinbock das Bündner Wappentier.

Der alte Wirt schenkt mir alte katholische, in einem scharfen Ton verfasste Heftchen, eines ist dem hundertjährigen Jubiläum der Überführung des Gnadenbildes der Muttergottes von Santa Maria nach Müstair gewidmet. Er braucht diese Heftchen nicht mehr. Die Reformation habe nur Missstände reformiert, in der Gegenwart sieht er keine Konflikte mehr.

Anderntags höre ich die Morgenmesse im weltberühmten, angeblich von Karl dem Großen gegründeten Frauenkloster. So wie den Samnaunern ein Priester aus Indien aufhilft, so werden die nur noch neun Müstairer Nonnen von drei Philippinerinnen verstärkt. Die Predigt in der *Chapella dal Rosari* ist für heutige Verhältnisse streng: »Sich zu sagen: Ein Mal ist kein Mal – das ist eine Einflüsterung des Bösen.« Sonst hocken in der Messe noch teilnahmslose Schweizer Unterländer in Trainingsanzügen und Schlappen herum. Der Pfarrer verteidigt sie hinterher: »Sie sind auf Fastenkurs im Kloster, sie dürfen weder stehen noch knien.«

Ich gehe auf den Dorfplatz und labe mich am Brunnen. Es heißt, der Bündner Freiheitsheld Benedikt von Fontana habe hier 1499 vor der Calven-Schlacht seinen Durst gestillt. Er habe gerufen: »Heute noch Bündner und die Bünde oder nimmermehr!« Damals rissen sich die Bündner von Habsburg los, Benedikt von Fontana selbst überlebte den Sieg nicht. Ich bin im östlichsten Ort der Schweiz, von nirgendwo habe ich weniger weit nach Hause. *A revair!*

Unter Bayern und Welschen

Ernste Eritreer und leichte Mädchen, getürkte Bayerntracht und authentischer Jugo-Splendor: Ausgehen in der Churer Bannmeile

In einer Oktobernacht gehe ich im Churer Welschdörfli aus. Es ist nur der Fluss Plessur, der die altehrwürdige Churer Altstadt vom Welschdörfli trennt, kulturell sind es aber Welten. Das Welschdörfli hat über die Jahrhunderte die Rolle der Bannmeile gespielt: fremde, »welsche« Sprachen, randständiges Gesindel, Suff und Schmutz und Prostitution. Es ist die einzige Vergnügungsmeile und das einzige Rotlichtviertel Graubündens. Auf einer Länge von sicherlich zweihundert Metern wird hier die Sünde konzentriert.

Ich schicke voraus, dass ich im Oktober eine etwas spezielle Samstagnacht erwische: Zum einen flutet das »Calanda Oktoberfest« die Straßen mit kurzen Lederhosen und aufreizenden Dirndln, zum anderen wirft Halloween seinen Schatten voraus. Für mich persönlich hat Chur über die Jahre fast nur aus dem Welschdörfli bestanden. Schon meine erste Churer Nacht habe ich in der engen Wolkenkuckucks-Dachkammer des »Schweizerhauses« verbracht; dieses ist inzwischen geschlossen.

Das Churer Nachtleben ist eine Geschichte für

sich. Wenn ich denen Glauben schenke, die in den neunziger Jahren jung waren, wurde die kleine Bündner Hauptstadt damals als permissiver Sündenpfuhl bestaunt, in dem Unmündige hinter rauchvernebelten Theken Joints inhalierten, ganz zu schweigen von den verrufenen Festen der Abschlussklassen auf dem Vogelboden. Um 2008 kamen restriktive Polizeigesetze, mit einem Rauchverbot drinnen und Alkoholverbot draußen, der öffentliche Grund wurde von null Uhr dreißig bis sieben Uhr zur »suchtmittelfreien Zone« mit Wegweisungsartikel. Auch das Essen auf der Straße wurde verboten. Der Ausgang im Welschdörfli wurde auf drei Uhr verkürzt, die Beschwerde zweier Wirte vom Schweizer Bundesgericht abgewiesen.

Ich starte in der jenischen Grillhütte. Der Wirt ist ein stolzer Jenischer, hat mir manchen Tipp gegeben und zeigt mir den Rest des alten Pflasters, auf dem im Welschdörfli die Pferde getränkt wurden. Ich mag sein Lokal, weil man dort Wurst und Pommes zu demokratischen Preisen bekommt, und wegen der Mischung der Kundschaft.

Dieses Mal lande ich bei einer dunkelhäutigen Person mit dunkler Stimme in Frauenkleidern, die sich in astreinem Bündner Dialekt als »Koch« in einem Altersheim vorstellt. Ein mit ihm befreundeter »Maurer« setzt sich hinzu, und der Koch und der Maurer entfalten genießerisch das Feuilleton der *Neuen Zürcher Zeitung*. Stammgäste vom Nebentisch ätzen: »Im Nachtleben ist Chur die schlechteste Stadt der Schweiz.« – »Und am Tag?« – »Da ist es toll, am Tag kann man Kaffee trinken und einkaufen, so viel man will.« – »Also haben diejenigen Pech, die am Tag arbeiten müssen?« Heftiges Nicken.

Eine sexy Brünette tänzelt in engen Jeans herbei und notiert mit keckem Hüftschwung das WIFI-Passwort. Zusammen mit einer mittelalterlichen, überlegen lächelnden Blondine setzt sie sich an den Nebentisch. Ich höre, dass sie Rumänisch sprechen, und spreche sie auf Rumänisch an. Wir plaudern über dies und das, so meinen sie Italienisch viel leichter zu verstehen als Rätoromanisch. Auf die Frage, was sie nach Chur verschlagen hat, antwortet die Junge mit einer Schärfe, die jede Nachfrage ausschließt: »Arbeit.« Wieder Geplauder, bis mich die heiße Unbekannte mit einem durchbohrenden Blick anschießt: »Und was wissen Sie noch über uns?« Ich bin perplex. Ich beteuere hilflos, kein Agent zu sein. Am Ende gebe ich es auf, das Misstrauen ist nicht zu überwinden.

Ich gehe dorthin, wo viele Afrikaner auf dem Gehsteig stehen. Dort steht ein besoffenes Bündner Paar in jenem von ferne bayerisch anmutenden Aufzug, der nirgends als Dorftracht existiert. Er grummelt: »Lauter schwarze Vögel! Nur noch Schwarze in Chur!« Ich schlage ihnen vor, gemeinsam um Einlass ins eritreische Vereinslokal zu bitten. Er lehnt ab, findet sich nicht schwarz genug, auch wenn die Tiefenbräune seiner Begleiterin dem Teint der helleren Eritreer entspricht.

Ich trete allein ein, die Eritreer lassen mich ein. Drinnen spielen Männer mit einer großen Menge von Schnapskarten, die sie in großen Fächern halten und in rasanter Folge auf einen Haufen in der Tischmitte werfen. Angesichts der Kleinheit Eritreas staune ich über die stilistische und physiognomische Vielfalt. Sie bestätigen: »Ja, in Eritrea ist die Vielfalt groß. Ihr Europäer hingegen schaut alle gleich aus.«

Die Sprache der gespielten Schlager ist meist Tigrinya; wenn ein Lied in der ebenfalls zum äthiosemitischen Sprachzweig gehörenden äthiopischen Sprache Amharisch erklingt, weisen sie mich drauf hin. Der wohl einzige Muslim unter ihnen verabschiedet Abgehende mit »Salam lejti«. Sie sagen, das habe nichts mit dem arabischen »Salam aleikum« zu tun, es bedeute »gute Nacht«. Die Eritreer erzählen mir von ihrer Küche, von ihrem Bier, das wie die Hauptstadt Asmara heißt, und von Kaffee, der von Frauen gestampft, gekocht und in stets vier Tassen eingeschenkt wird.

Ich habe in Israel mal einen Gottesdienst koptisch-orthodoxer Eritreer miterlebt: lang, mystisch, ikonenküssend, und die Gläubigen empfangen die Kommunion, indem sie das Handinnere des Priesters küssen. Ein bisschen kann ich daher mitreden in Chur. Ein Christ mit Bierchen erklärt mir, dass sie gerade Fastenzeit halten, in Erinnerung an die

Flucht der Heiligen Familie, »als Herodes hundertvierundvierzigtausend Kinder töten ließ.« – »Ich dachte, die Heilige Familie floh nach Ägypten.« – »Und von dort nach Eritrea und Äthiopien. In dieser Reihenfolge!« Er sagt, zu ihrem orthodoxen Gottesdienst in Chur kämen sonntags hundert Eritreer, manchmal zweihundert. Ich denke bekümmert an die Sonntagvorabendmesse in der katholischen Churer Kathedrale zurück, an ein Bild vereinzelt in leeren Bankreihen sitzender Katholikinnen.

Ich gehe zur Stadthalle. Dort sehe ich, als Bayern verkleidet, die Bündner Mittelschicht. Zwei Absperrgitter knallen zu Boden, und ein von der Security niedergerungener Jüngling schreit: »Wegen einem Plastikbecher! Scheiß Arschlöcher!« Ich spreche einen schönen Hipster an, der sich eitel den Bart krault, seine unterhalb der Lederhose entblößte Wade zeigt ein Tattoo in Form einer Sonne oder eines Stempels oder einer Rosette. Ich frage ihn: »Warum trägt hier niemand Bündnertracht?« – »Ist ja kein Bündnerfest.« – »Und wo kriegen all diese Leute die bayerischen Trachten her?« – »Es gibt einen Laden in Chur, gegenüber vom GKB Auditorium, der hat nichts anderes.« Für den ganzen Aufzug hat er einen Spottpreis bezahlt, dreihundert Franken.

Ich lasse mich vom Menschenstrom treiben, der der Unteren Gasse zustrebt, der langweiligen Lokalmeile der Altstadt, zum Teil aber auch unschlüssig im Welschdörfli hängenbleibt. Auf dem Freihofplatz steht ein ziviler Kleinbus, aus dem heraus Polizisten die bajuwarische Landnahme beobachten. Eine Gang halbwüchsiger Secondos fällt mir auf, teils als Halloween-Verwundete geschminkt, angeführt von einem dicken Abdul. Einer mit Wurzeln auf dem indischen Subkontinent hat sein Gesicht weiß gemacht. Mit Blick auf das Kreuz an seiner Halskette lobe ich ihn: »Immerhin ein christlicher Vampir, das sieht man selten.«

Ich betrete einen albanischen »Klubi / Club«. Wie bei den Eritreern sitzen nur Männer drin, würfelnd und Karten spielend. Die einzige Frau ist die sinnlich-weiche Barfrau, die junge Enkelin des Betreibers. Ihre dünn gezupften Augenbrauen sind breit ausgemalt. Ich frage nach albanischem Schnaps, da entspinnt sich eine gar verwirrende Szene. Die Enkelin sagt zu Opa auf Serbisch: »Wir haben nur Traubenschnaps.« Opa antwortet ihr auf Serbisch: »Gib ihm einen!«

Sie laden mich auf serbischen Selbstgebrannten ein, und wir sprechen miteinander Serbisch. Die beiden stammen aus Preševo, das von Albanern bewohnt wird, aber zu Serbien gehört. Das Tal ist immer wieder Gegenstand geheimnisumwitterter Verhandlungen über einen Gebietstausch – der serbische Nordkosovo an Serbien, Preševo an den Kosovo. Wir führen im Welschdörfli eine Unterhaltung von balkanischem Witz. Der Betreiber streicht das gute Zusammenleben mit den anderen Communities hervor, Afrikaner, Kurden, sogar bei den Serben sei er schon einige Male Gast gewesen.

Ich hole mir Falafel aus einem neu eröffneten Kebab-Snack. Eine junge aufgebrezelte Migrantin in einer taillierten Winterjacke hilft aus, die Augenbrauen hat sie im selben Stil wie die Preševo-Albanerin. Manchmal kassiert sie, manchmal überreicht sie die fertige Bestellung, manchmal aber auch nicht. Angsterfüllt frage ich den Chef, ob ich auch nicht bestraft werde, wenn ich draußen esse. Er beruhigt mich.

Ich setze mich in den Laubengang hinaus. Der Chef, der vorher eine schlecht gehende Shisha-Bar betrieben hat, setzt sich rauchend zu mir. »Das Gesetz wurde vor zwei, drei Jahren geändert«, beruhigt er mich weiter, »man darf jetzt auf der Straße essen und trinken auch.« Er hat wohl recht, niemand schreitet gegen die vielen Flaschen und Becher ein. Der Chef des Kebabs ist syrischer Kurde, vor dem Bürgerkrieg nach Chur gekommen. Plötzlich ist er gegenwärtig, der prägende Konflikt des Jahrzehnts. Der Syrer schweigt, blickt kurz nach unten, dann kurz nach oben.

Ich gehe in die serbische Singbar. Auch hier wird Mitgliedschaft vorausgesetzt, fünfzig Franken Jahresgebühr, doch werde ich einen Slibowitz lang geduldet, »aber nur einen«! Auch so wird die serbische Singbar zum Höhepunkt meiner Nacht. Hier gibt es Frauen! Und was für Frauen! Eine Sängerin in einem kurzen roten Kleid und schwarzen hochhackigen Stiefeln stakst von Tisch zu Tisch und schmachtet Jugo-Balladen. Die schwarzhaarige Fee begrüßt auch mich persönlich, reicht mir tiefkehlig singend ihre kaltschweißige Hand. Ich glotze wie ein Affe, Jugo-Splendor dieser Totalität findet man nicht einmal mehr in bedrängten Enklaven serbischer Desperados im Nordkosovo. Die schöne Serbin singt mich an: »Richte mich nicht!« Nichts läge mir ferner.

Als Nächstes stelle ich mich an den Tresen einer heruntergekommenen Bar, die unterhalb einer »Kontaktbar« und eines Stundenhotels liegt. Wie bei einem früheren Besuch hocken bleiche Einheimische älteren Semesters herum. Mitten unter ihnen, scherzend und flirtend, erblicke ich die beiden Rumäninnen aus der Grillhütte. Einer, der einen Arm in einem schmutzigen Verband trägt, setzt sich zu ihnen. Als er kurz wegtritt, bugsiert die ältere Blonde seinen Stuhl weg, aus dem Handgelenk, mit der anderen Hand rauchend.

Im nächsten Moment falle ich fast vom Barhocker. Die Barfrau spricht mich auf Rumänisch an: »Ich erinnere mich an Sie, Sie waren vor zwei, drei Jahren schon hier, Sie können Rumänisch.« Drace, zum Teufel, wie konnte sie sich das nur merken? Reicht radebrechendes Rumänisch im multikulturellen Rotlichtdistrikt des dreisprachigsten Kantons der Welt schon zur Unsterblichkeit?

Ich ende in einer lateinamerikanischen Tanzbar. Im Inneren ballen sich fettleibige Kerle, auf der von der Straße einsehbaren Tanzfläche tanzen attraktive Latino-Mädels. Ein tattriges europäisches

Onkelchen tanzt eine üppige, in ein Pseudo-Dirndl gewandete Brasilianerin an. Es ist die Nacht der Zeitumstellung, dem Churer Nachtleben wird eine Stunde geschenkt. Gerne würde ich mir die Abwicklung der Polizeistunde ansehen, doch wird mir die Zeit lang. Ich gehe schlafen.

Sowieso ist wieder nichts passiert. Wie 2016, als die Stadtpolizei ausgerückt ist, weil ein »Mann mit Pistole im Welschdörfli« gesehen wurde, der sich dann als Handwerker mit Heißleimpistole im Handwerkergurt erwies. Als ich durch jugendliche Horden dem Bett zustrebe, fällt mir auf, dass ich mich fast nur mit Ausländern abgegeben habe. Das Bündnertum erscheint mir in jener Nacht als eine graue, schlecht verkleidete Masse, während mir die Ausländer authentischer vorkommen als im Ausland. Das kann Zufall sein, ich will damit keine These aufstellen. In jener Oktobernacht ist es so gewesen.

Bei der Mutter der Meere

Partikularismus, ein Klo-Referendum und die einzige Dreifach-Wasserscheide Europas: Rekorde in Prättigau-Davos und sonstwo in Graubünden

Auf meinen Hunderten Reisen durch Europa ist mir keine Region untergekommen, in der so ungeniert mit Rekorden geprahlt wird wie in Graubünden. Ja, das ist der größte und der gebirgigste Kanton, vierhundertsechzig der neunhundertsiebenunddreißig Berggipfel sind über dreitausend Meter hoch, vom Parpaner Rothorn soll man über tausend Gipfel sehen. Ja, der »größte prähistorische Bergsturz der Welt« diente dazu, dass hundertachtundsechzig Meerjungfrauen durch den Caumasee ins Guinness Buch der Rekorde schwimmen konnten.

Einige Rekorde, wie »das älteste Weingut Europas«, halten bei Nachfrage nicht ganz stand. Juf kann sich nur bedingt »die höchstgelegene ganzjährig bewohnte Siedlung Europas« nennen, Ziteil ist allenfalls die höchstgelegene Wallfahrtskirche der Ostalpen, dafür steht in Obermutten mit an Sicherheit grenzender Wahrscheinlichkeit »die höchstgelegene Lärchenholzkirche Europas«.

Der Rekord, der mich am meisten in den Bann zieht, ist die europaweit einzigartige Dreifach-Wasserscheide am Pass Lunghin. Der Werbespruch, dass dort oben »der Zufall entscheidet, ob ein Regentropfen ins Schwarze Meer, in die Nordsee oder ins Mittelmeer fließt«, wächst sich in meinem Kopf zur fixen Idee aus. Das wäre dann ja wirklich »das Dach Europas«. Zum Abschluss muss ich unbedingt dort hinauf.

Ein ganz anderer Rekord ist der Partikularismus im Bündnerischen. Ich kenne keine Region in Europa, die auf eine derart anarchische Geschichte lokaler Unabhängigkeit verweisen könnte. Die rund fünfzig Gerichtsgemeinden waren wahre bäuerliche Republiken, die sich zu losen Bünden zusammenschlossen. Diese drei Bünde wussten zwar in der Aneignung des Veltlins zu kooperieren, der Dreißigjährige Krieg drohte sie aber in den »Bündner Wirren« zu zerfleischen. Christian Ruch, Kolumnist der dominierenden Zeitung *Südostschweiz*, schreibt in einer Analyse, dass die Schweizer Eidgenossen damals um Vermittlung gebeten wurden: »Sie lehnten das bezeichnenderweise ab, weil man nie wisse, wer in den drei Bünden eigentlich Freund und wer Feind sei.«

Erst 1803 durch Napoleons Mediationsakte entstanden, war der Kanton Graubünden noch lange durch exzessiven inneren Föderalismus gezeichnet. Der Tagungsort des Großen Rats wechselte anfangs zwischen Chur, Ilanz und Davos, die alten Gerichtsgemeinden lebten in den neuen Kreisen und Bezirken fort, und auf ein Kantonswappen einigte man sich überhaupt erst 1932.

Ich will dieses Erbe an einem lebenden Beispiel studieren und begebe mich auf die Suche. Ich suche den am stursten von Gemeinde-Autonomie besessenen Flecken des Kantons. Ich korrespondiere mit den Kapazundern der Grischunologie. Wenige wollen Ortsnamen nennen, doch schließe ich aus der Summe der Antworten, dass das walserische Prättigau diesbezüglich ein heißes Pflaster darstellen dürfte. Ein Plausch auf dem Gemeindeamt von Flims bringt mich auf die Prättigauer Gemeinde Fideris. Dort musste das Volk 2017 über ein öffentliches WC im Kostenwert von zwanzigtausend Franken abstimmen. Das macht mich neugierig.

Vorher muss ich noch nach Davos. Persönlich lockt mich die sterile Alpenstadt nicht. Schon beim Versuch, aus einer Tiefgarage mit ampelgeregeltem Tor hinauszufahren, scheitere ich. Für mich bleibt die Ampel auf Rot. Nach herzhaftem Fluchen stelle ich fest, dass mich der Sensor nicht erfasst hat, da mein Wagen leicht schief und nicht präzise genug an der Stopplinie gestanden ist.

Ich besuche in der Dokumentationsbibliothek eine gar wunderliche Gestalt. Allein der Lebenslauf von Dr. phil. Timothy Nelson/Nilsson wäre eine Reportage für sich: Aufgewachsen in den USA, sieht er sich als »Schweizer schwedischer Herkunft« oder als »Bündner, Davoser, dadurch bin ich Schweizer«. Studiert hat er Alte Musik, auch bei Harnoncourt, als »Erz-Baptist« etwas katholische Theologie, als Philologe nordische Sprachen wie Altisländisch. Eigentlich ist er Parömiologe, Sprichwortforscher, sein Hauptwerk handelt von einer »antilutherischen Polemik«. Damit ich nichts durcheinanderbringe, zeichnet mir der frisch-brillante Sechzigjährige eine Liste mit den Eckdaten: »1957. 1977–78 Salzburg. 1979–heute CH. 22. Mai 2014 GR–Davoser–CH.« Er ist Schweizer Bürger und lässt keine Abstimmung aus.

Er lebt seit 1990 auf über tausend Höhenmetern, seit 1999 in Davos, bei seinem Musikensemble im Ruhrgebiet muss er sich immer erst klimatisieren, »unten komme ich ins Schwitzen«. Sein Fachgebiet waren Jörg Jenatsch und die Bündner Wirren, »plötzlich musste ich mich mit Tuberkolose beschäftigen, denn ohne Schwindsucht kein Davos. St. Moritz ist Schickimicki, dort hat man die Kranken weggeschickt. Davoser, das sind Walser, pragmatisch denkende Leute, die haben gesagt – wir nehmen alle.« Er posiert mit einem schönen historischen Spucknapf zum Promenieren. Fünfzig Prozent der Anfragen, die er als Bibliotheksdirektor beantwortet, drehen sich um die Schwindsucht.

Am Davoser Gemeinde-Anarchismus ist interessant, dass er sich traditionell auf einer noch tieferen Ebene abgespielt hat. Nelson sagt: »Die Fraktion« – so werden Ortsteile genannt – »hatte große Bedeutung. Es gab eine Fraktionssteuer, Schulwesen war Sache der Fraktion.« So wie Nelson das beobachtet, schreitet aber die Zentralisierung in jüngster Zeit ohne vernehmbare Proteste fort. So musste aus der

»Landschaft« Davos eine »Gemeinde« werden. Warum haben Sie sich das gefallen lassen? – »Wir sind nicht mehr die Größten.« Auch die Davoser Finanzkrise von 2010 habe zur Bescheidenheit beigetragen. Die Zentralisierung betrifft auch die Bibliothek, seit 2017 muss auch Nelson mit der Kantonalregelung konforme Rechnungen ausstellen. Die sturen Walser dominieren nur noch Landwirtschaft, Metzgerei und Politik, die Einwohnerstruktur ist mit dem Tourismus gekippt. Laut Nelson ist die Einstellung in Davos: »Man fügt sich. Das ist nicht vergleichbar mit Gemeinden, die für Freiheitsrechte kämpfen.«

Dann spaziere ich durch Fideris, auf alten verschneiten Luftaufnahmen ein klassisches Prättigauer Sterndorf. Lange fällt mir nicht auf, dass hinter der hohen Brüstung eines Balkons zwei gebückte Alte sitzen; sie bewegen ihre Köpfe nur zentimeterweise. Ich frage eine jüngere Alte nach dem öffentlichen Klo. Sie sagt, sie habe »den Brief geschickt« und zwar mit einem Ja. Das muss sich um ein Missverständnis handeln, Fideris kennt keine Urnenabstimmung, die Gemeindeversammlung entscheidet alles. Gasthaus gibt es keines mehr, alle vier sind krachen gegangen. Auch deswegen wird das Klo benötigt, an starken Wochenenden rodeln achtzehnhundert *Schlittler* durch Fideris, auf der sicherlich längsten Rodelbahn der Welt.

Ich parke. Der leere Parkplatz bietet drei Plätze, Verbotsschilder sehe ich keine. Unter dem Giebel eines weiß getünchten Hauses geht ein Fenster auf, und die Frau des Hauses vertreibt mich. Sie schickt mich auf den geschotterten Parkplatz beim Sägewerk.

Ich treffe den Gemeindeschreiber und den Archivar. Der Archivar, zweiundsiebzig, war früher Arzt bei den Sanitätstruppen und hat weihnachtlich weißes Haar. Er sagt: »Fideriser Geschichte ist die Geschichte des Fideriser Heilbads.« Es ging 1939 bankrott. Er scherzt über die Gehässigkeiten mit dem Nachbardorf Jenaz, wo sich der Richtplatz des gemeinsamen Hochgerichts Castels-Jenaz befand. Einer der Fideriser, die im Krieg bei der Ortswehr dienten, sei gefragt worden, warum er das Schweizerkreuz als Armbinde trage. Der Mann habe geantwortet: »Damit man sieht, dass ich ein Schweizer bin und kein Jenazer.«

Nach vierzig Jahren in Zürich wagt der Archivar zu sagen, dass Graubünden mehr Gemeinde-Autonomie hat. In vielen Prättigauer Gemeinden haben die Schulferien von Mitte April bis Mitte Oktober gedauert, »da konnte man eine Stelle als Ziegenhirt annehmen«. Sechsundzwanzig Wochen Schulbesuch gegen achtunddreißig Wochen in Davos-Stadt – der Archivar hat das aufgeholt und es auf die Uni geschafft.

Ich komme zu meiner Frage. Der Schreiber erklärt mir, dass die Politik in Fideris nur über Ausgaben bis zwanzigtausend Franken entscheiden darf. »Diese Grenze besteht schon sehr lange. Wenn man das ändern will, muss man die Verfassung ändern.« Für eine Gemeindefusion käme nur Jenaz infrage, und das … siehe oben.

Fideris hat etwa vier Gemeindeversammlungen im Jahr. Straßen, Wasser, Abwasser gelten als große Themen, da erscheinen relativ viele der vierhundertsechzig Stimmbürger. Die mieseste Teilnahme war fünfzehn, die beste hundertvierunddreißig, als der Bau einer Großsägerei abgelehnt wurde. »Krass wird's«, sagt der Schreiber, »wenn dreißig Leute über das Budget abstimmen – und das gilt.« Ihm ist aufgefallen: »Je größer die Summe, desto weniger der Einwand.«

Bin ich also im Mekka der Gemeinde-Autonomie? Der Schreiber sagt nüchtern: »Im Bauwesen haben Bündner Gemeinden mehr Kompetenzen.« Der Archivar erzählt, wie die Fideriser vor 2008 mit Blasmusik und Fahnen nach Jenaz zogen, zum Kreisgericht mit gewählten Richtern. Die neue Kantonalverfassung habe das abgeschafft, die Zentralisierung schreite fort.

Nun aber zur historischen Gemeindeversammlung vom 10. April 2017. Zwanzig Stimmbürger sind gekommen. Der Schreiber »kann ausschließen«, dass jemand vorher aufs Gemeindeamt kam, um den WC-Bauplan anzuschauen. Genau genommen ging es um den Einbau einer Klomuschel beim Hintereingang der Mehrzweckhalle. Wie lief es? »Grundsätzlich waren alle dafür«, erzählt der Schreiber, »sie hatten aber kritische Fragen. Zum Beispiel, wie verhindert man Vandalismus? Ein anderer Einwand lautete, man soll das öffentliche Klo schließen, wenn in der Halle ein Fest stattfindet.« So wurde das angenommen, Fideris sagte Ja zum Klo.

Zuletzt gehe ich auf den Pass Lunghin. Ich starte in Bivio, an der Wegscheide, beim Wirten meines Vertrauens, und ich nehme meine bergverrückte Mutter mit. Sie war schon auf dem Kilimandscharo, dort war der Anstieg von Eukalyptus und Bananen gesäumt, und auch in Bivio wächst Mangold für Guidons *Capuns*.

Unterhalb des Septimerpasses geht es durch eine lang gezogene Beinahe-Ebene. Berückend glitzernde Bäche ziehen sich mäandernd durch das weiche Grasland. Im Gehen fragt mich Mama, welche Sprachen hier gesprochen werden. Ich überlege kurz und antworte knapp: »Alle.« Ich will nicht genauer werden, sonst wird ein Vortrag draus. Leider fragt Mama nach, welche Sprachen werden hier gesprochen? Nun, wenn wir uns auf den Umkreis einer Halbtagestour beschränken, dann lautet die vergröberte Antwort in etwa so: Hinter uns wird Bündnerdeutsch und Italienisch gesprochen. Links hinten spricht man zunächst Italienisch und Deutsch, ein Stück weiter auch das rätoromanische Putér. Links vorne dominiert der italienische Dialekt Bregagliotto. Vor uns reden sie Walserdeutsch. Und rechts, da wird Bündnerdeutsch und das rätoromanische Surmiran gesprochen. »Der Wanderer, der diesen Irrgarten durchläuft, tritt, so oft er seinen Fuss in ein neues Thal setzt, in die Mitte eines anderen Völkleins.«

Weiter oben liegt an diesem Herbsttag schon Schnee. Am Septimerpass die Tafel für den heiligen irischen Wanderprediger Columban, der hier am Anfang des 7. Jahrhunderts nach Italien zog. Und oben am Lunghin pfeift der Wind. Wie ein Pass wirkt das nicht, auch nicht wie die Mitte von etwas, ein Teil der Aussicht ist von höheren Erhebungen verstellt. Irgendwo von hier weg fließt also die Julia zum Rhein, die Maira zum Po, der Inn in die Donau. Wegen der Dreifach-Wasserscheide hat einer dieser Bündner Angeber Graubünden zur »Mutter der Meere« ernannt. Ich weiß, dass das so nicht geht, doch schütte ich Wasser aus, viel Wasser. Mit etwas Glück fließt das nun in die Nordsee, ins Mittelmeer und ins Schwarze Meer.